TracTo
Breizh

Drôle de Tro Breizh...

Aux Éditions Alain Bargain

Dans la collection
ENQUÊTES ET SUSPENSE :

Jean-Jacques ÉGRON

TracTo
Breizh

Drôle de Tro Breizh...

Collection

Quadri Signe - Editions Alain Bargain
125, Vieille Route de Rosporden - 29000 Quimper
E-mail : contact@editionsalainbargain.fr
Site Internet : www.editionsalainbargain.fr

Aux Éditions Alain Bargain

Dans la collection
® *ENQUÊTES ET SUSPENSE :*

Jean-Christophe Pinpin
- Qui voit Groix voit sa croix *(épuisé)*
- Qui voit Sein voit sa fin *(épuisé)*
- Qui voit Ouessant voit son sang *(épuisé)*
- Qui voit Belle-Ile voit son île *(épuisé)*
- Qui voit Molène voit sa peine
- Toulouse au bout du siècle *(épuisé)*
- Traque à Hoëdic *(épuisé)*

Christophe Gontard
- Dernière danse en Trièves

Alex Nicol
- Mystères en Finistère *(épuisé)*
- Ça bombarde chez les Bigoudens *(épuisé)*
- Mise en Bière à Sainte-Marine
- Le Tsar de Bénodet *(épuisé)*

Aux Éditions Alain Bargain

® *Dans la collection **POL'ART** :*

Serge Le Gall
- Sombre dessein à Pont-Aven
- Meurtres du côté de chez Proust *(épuisé)*
- Eaux-fortes à Ste-Marine *(épuisé)*
- Ciel rouge au Pouldu *(épuisé)*

Loïc Gourvennec
- Le râle du basson *(épuisé)*

Yves Horeau
- Monsieur Butterfly *(épuisé)*

Renée Bonneau
- Nature morte à Giverny *(épuisé)*
- Séquence fatale à Dinard *(épuisé)*
- Sanguine sur la Butte *(épuisé)*

Stéphane Jaffrézic
- Toiles de fond à Concarneau
- Le Rubis de Châteauneuf-du-Faou *(épuisé)*

Du même auteur - Liv' Editions :

- Les Diaboliques de la Côte Sauvage
- Carton rouge à Rhuys
- Noces sans retour en Morbihan

- Gare aux morts sûres !
- L'inconnue du train Paris-Vannes

Ce roman se déroule en 1979, dans l'ancien Centre Hospitalier de Saint-Nazaire, désormais désaffecté. Cet ouvrage de pure fiction n'a d'autre ambition que de distraire le lecteur. Les événements relatés ainsi que les propos, les sentiments et les comportements des divers protagonistes n'ont aucun lien, ni de près ni de loin, avec la réalité et ont été imaginés de toutes pièces pour les besoins de l'intrigue. Toute ressemblance avec des personnes ou des situations existant ou ayant existé serait pure coïncidence.

REMERCIEMENTS

— À Josiane BERNARD pour ses remarques de bon sens.
— À Bertrand DAVID pour ses conseils avisés.

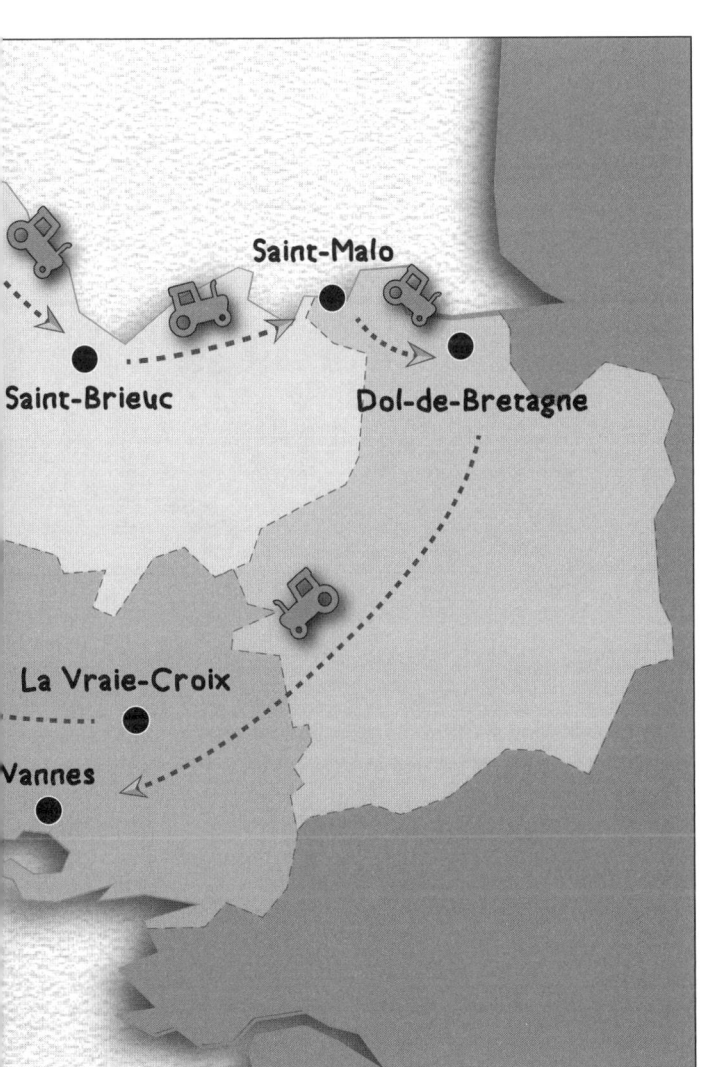

AVANT-PROPOS

Cet ouvrage ne décrit pas le *Tro Breiz* classique ni le *Tro Breizh* moderne, mais celui de Francine et de Jeannot qui l'effectuent comme bon leur semble, au gré des rencontres ou des paysages. Il faut donc se laisser porter par leur bon vouloir.

Je signale pour les puristes qu'il existe une association du *Tro-Breiz* officiel qui donne toutes les étapes, les marches, les manila vraie-croixations etc. et je vous invite à la mettre en regard. Les coordonnées :

Association "Les chemins du *Tro Breiz*" - BP 118 - 29250 Saint-Pol-de-Léon - Tél. : 02 98 69 11 80 - email : secretariat2011@trobreiz.com

Site : http://www.trobreiz.com/

I

Je commençais à prendre de l'âge, moi Jean Landrezac, dit Jeannot pour les intimes ; soixante-trois ans, ça vous amène tout droit à la retraite et courbé. Comme dans une côte, plus on approche du but, plus ça grimpe et il ne faut pas regarder vers le haut, car le plus dur reste à faire. Par contre, pour Francine, elle était arrivée plus vite que prévu au bout du chemin, elle a fait une chute du haut de ses soixante-cinq ans, dans les escaliers, ce n'est quand même pas de chance. De toute façon, elle y serait passée, parce qu'elle avait atteint un cancer et qu'elle n'avait pas pu s'en débarrasser. Cette sale bête s'accroche comme le coq à son clocher et on ne sait pas encore le faire descendre. C'est la vie, la mort. Son frangin, Daniel Chicoine, un pas marrant, m'en veut toujours. Il pense que c'est moi qui ai poussé sa sœur pour le grand saut, et il n'en démord pas.

J'habite une ferme, Le Minio, sur la commune de La Vraie-Croix. Je suis paysan ou fermier ou agriculteur ou laboureur, comme ça vous chante, quand je dis… je suis, c'est plutôt… j'étais, maintenant, je ne suis plus rien. Il me reste encore "quéques" bêtes pour faire mon beurre, parce que la retraite du paysan c'est mince comme une ficelle de lieuse. J'élève une chèvre, Francette, deux cochons, Napo et Léon, des poules et des lapins. Je ne parle pas du chien Camembert qui n'est pas une vraie bête, il va sur ses dix ans et il a eu bien du chagrin quand on a perdu Francine, faut le comprendre. Au beau temps, j'élevais des vaches laitières et les dernières étaient parties à l'abattoir.

Ce jour-là, j'étais au café "Chez Armand", quand j'ai entendu deux "étrangers" qui parlaient entre eux. Normalement, on ne fait pas attention aux inconnus, vous savez ce que c'est : on est plus intéressé par la rigole qui déborde dans sa cour que par un tsunami au loin. Ce n'est pas que j'ai écouté leur conversation, mais on ne peut pas empêcher ses oreilles de traîner.

— J'ai fait le *Tro Breizh* à pied, avec un copain ; ne plus avoir les femmes sur le dos, tu parles d'une sinécure ! ils disaient comme ça... deux messieurs distingués avec des vestes à carreaux, des cravates de couleur et des pantalons blancs, un des deux était chauve et l'autre roux.

Ils ont continué à bavarder entre eux pendant des kilomètres, moi, pour une fois, j'étais seul à boire mon... mes muscadets, notre blanc breton, de chez les voisins des Pays de Loire. D'habitude, je suis avec Yvon qui n'est pas un fainéant pour lever le coude. Quand ils sont partis et qu'ils nous ont laissés entre nous, je suis allé voir le patron, il s'appelle

Armand comme son bistrot, qui m'a expliqué la signification de leur discours.

Armand est gros et gras, avec du cholestérol partout pour boucher ses artères, il se nourrit avec nos verres et il en entend tellement qu'il en raconte au moins deux fois plus. Mais il ne faut pas lui en vouloir, il s'ennuie catastrophique derrière son comptoir. Il faut dire que sa femme, Mathilda, qui venait d'Espagne depuis des temps, s'en est allée au bras d'un client. Alors, depuis, il rumine des pensées sombres comme le derrière de la lune.

Armand m'a expliqué :

— Le *Tro Breizh*, Jeannot, c'est le Tour de Bretagne, un pèlerinage pour prier les sept saints fondateurs de notre pays, une boucle qui relie sept villes.

Et il m'a tout cité. Paraît que si t'es breton et que tu ne l'as pas fait de ton vivant, tu seras condamné dans l'au-delà, à avancer de la longueur de ton cercueil, une fois tous les sept ans, ce qui ne nous avance pas beaucoup. C'est à peu près pareil que celui de La Mecque pour les Musulmans.

À ce régime-là, la pauvre Francine, elle allait germer sur place et elle n'était pas près d'arriver au Paradis. En vrai, je ne crois pas aux bondieuseries, mais tout de même, on ne sait jamais. Elle se promenait toujours avec un crucifix ou un chapelet dans sa poche, pour se rapprocher du Paradis, alors il vaut mieux faire les choses comme il faut.

Francine passait tous ses dimanches dans l'église de notre village et elle en revenait à chaque fois, toute retournée comme mon champ de "La lande Bergero", au temps de ma splendeur. Ce n'est pas qu'elle voyait le Bon Dieu, ça, ce n'est pas possible, sauf à Lourdes ou dans des coins comme ça et on ne s'appelle pas tous Bernadette, mais elle l'imaginait dans la loupiote rouge et ça lui faisait des frissonnements partout.

— Tâte mes poils, ils sont tout hérissés !

Moi, je venais la chercher en voiture et je la ramenais ici dans la chapelle d'Armand où j'avais suivi la messe en l'attendant et en prenant l'apéritif du dimanche, elle un grenache, moi un pastis, si elle était de bonne humeur ; sinon, on mangeait de la soupe à la grimace à la maison en rentrant direct.

Tout ce que m'a dit Armand, plus le film que j'ai vu à la "tévé", où un vieux gars allait rejoindre son frère, au loin, sur une tondeuse, ça m'a donné envie de faire son affaire à Francine.

*
*   *

J'ai donc tout préparé en douce, je l'ai sortie avec son cadre où elle est en photo et j'y ai montré mon installation par la fenêtre.

— J'ai lavé le tracteur ! Il va t'emmener faire le *Tro Breizh* !

Je l'appelle Bienvenu, il est tout vert, de race Massey Fergusson.

— Et j'ai attelé la remorque bâchée derrière, comme ça, on pourra dormir la nuit sans avoir froid, toi et moi, sans oublier Camembert, même si tu ne l'aimais pas.

J'avais installé un réchaud à gaz, une table rivée au sol et quatre chaises pliantes, au cas où on aurait des invités, et puis un lit de camp que j'ai descendu du grenier. Sans oublier le ravitaillement.

J'allais lui faire voir du pays à Francine, parce que depuis qu'elle m'avait connu, elle n'avait guère fait que le tour de nos terres qui ne prend pas bien longtemps, si j'exagère un peu.

Je me suis dit : en faisant le *Tro Breizh*, je vais voir de quoi il retourne dans leur religion. À quoi ça sert et pourquoi ils y croient dur comme fer ? Peut-être au bout de la boucle, j'aurai des réponses…

Je suis parti début juin pour un bon mois. Je préférais ne pas avoir tous les touristes dans les pattes, parce qu'ils empêchent de bien voir, ils s'agglutinent avec leurs appareils photo et nous bousculent pour faire clic-clac au lieu de regarder avec leurs yeux.

II

Géraldine Buisson avait fait des études de droit, elle voulait devenir avocate, mais elle s'était aperçue très vite qu'elle ne pouvait défendre des assassins, c'était contraire à ses principes. Elle avait rencontré Mirta avec qui elle vivait depuis cinq ans. Cependant, à vingt-six ans, elle n'était pas encore fixée totalement sur ses tendances sexuelles, l'exemple qu'elle avait de ses parents ne la confortait ni dans un sens ni dans l'autre.

Ses parents avaient vécu côte à côte depuis sa naissance, mais sans passion, rigidifiés dans une sorte d'étiquette de morale et de convenance. Son père avait quitté sa mère à la cinquantaine pour vivre… avec un homme. Quand elle avait rencontré Mirta lors d'une éclipse de lune, un courant était passé.

Une association d'amateurs avait organisé pour cet événement, une séance d'observation. C'est en marchant toutes les deux, le nez en l'air, qu'elles s'étaient "télescopées" – jeu de mots qu'elles employèrent par la suite – Géraldine chutant lourdement sur le sol. Mirta était alors partie à rire de façon irrépressible, tandis qu'elle relevait l'accidentée. Remise sur pied, elle regarda sa "tamponneuse" de façon furibarde, ce qui eut pour effet d'augmenter encore le rire de l'autre. Géraldine, outrée, lui donna une claque. Le rire de Mirta cessa, mais elle avait affiché une telle moue sur son visage que ce fut Géraldine qui prit le relais en pouffant. Elles se retrouvèrent toutes les deux, un verre de champagne à la main et se confièrent dans une farandole de bulles et de magie météorologique. De ce jour, elles ne se quittèrent plus.

Le métier d'avocate ne lui disant rien, elle se rappela un stage qu'elle avait effectué chez un détective privé, Childebert Lucas, un noble sans quartier de noblesse, au langage fleuri et aux vêtements excentriques, qui lui avait communiqué sa passion. Elle travailla un an auprès de lui, apprit ce qu'il fallait pour s'en sortir dans ce métier et s'abîma les yeux en études parallèles. Puis elle monta sa propre agence. Ne pouvant se payer le luxe d'embaucher, elle s'entourait régulièrement de stagiaires et elle se dit qu'avec le dernier, elle avait touché le gros lot.

Conrad Turq était un étudiant d'une trentaine d'années qui cherchait encore sa voie. Il vivait chez papa maman et ce Tanguy avait tâté de petits boulots sans jamais se fixer à un patron.

Il avait trouvé la maîtresse de stage jolie et charmante, totalement en phase avec sa façon de penser, quand elle lui avait dit :

— Je ne pourrai jamais vous proposer un CDI. Il fuyait ce gros mot comme la peste, plutôt adepte de la flexisécurité à la mode ces derniers temps.

— Topons-là !

L'affaire fut conclue. Conrad Turq serait payé par Pôle emploi, tout le monde y trouvait son compte. C'était un personnage singulier à l'aspect lunaire, semblant tout droit sorti d'un album de BD.

Le cabinet de Géraldine Buisson atteignait difficilement l'équilibre, elle n'avait eu jusque-là à traiter que quelques affaires de divorces et de successions, à peine assez pour se tirer un salaire. Mirta apportait le complément, elle était pharmacienne.

Désireuse malgré tout de se libérer un jour du joug financier de son amie, elle avait écouté avec attention un grand dadais aux tempes grisonnantes qui parlait avec les mains en lui expliquant avec force gestes ce qu'il attendait d'elle.

— Je voudrais que vous suiviez quelqu'un…

— C'est mon métier.

— Toutefois, vous ne devez pas avoir souvent l'occasion de pister un assassin.

Géraldine Buisson ne montra pas son intérêt piqué au vif, elle joua les indifférentes. L'autre continua ses explications :

— J'ai un beau-frère, j'avais une sœur, elle est morte ou plutôt… il l'a tuée.

— Vous vous êtes trompé d'adresse… Voyez la police. Le poisson allait-il s'éloigner de l'hameçon ?

— Justement, j'ai contacté les flics, mais ils ne disposent que d'une main courante ; une enquête administrative des plus légères a conclu à un accident ou à un suicide.

— Expliquez-vous…

— Jean Landrezac… c'est mon beau-frère… affirme qu'elle est tombée dans l'escalier. En fait, il l'a poussée. Elle avait un cancer, mais je sais qu'elle ne s'est pas suicidée, elle tenait trop à la vie, et elle ne lui a pas demandé non plus de mettre fin à ses jours. Voilà ce qu'elle m'a écrit peu avant sa mort…

Daniel Chicoine sortit une lettre froissée de sa poche et la tendit à Géraldine Buisson.

« *S'il m'arrivait quelque chose, je veux que tu cherches les causes exactes de ma mort…* »

À peine eut-elle lu la première phrase qu'il lui reprit brutalement le papier des mains.

— Le reste est personnel et ne regarde que moi.

— Avez-vous montré ce document à la police ?

— Ils ont mis la photocopie dans un dossier, le dossier dans un tiroir, cela ne représente pas un indice suffisant pour ouvrir une enquête criminelle. On m'a prévenu officieusement que ma sœur était âgée et malade, en gros, qu'elle allait mourir de toute façon et que son "accident" n'avait fait que précipiter les choses. Que ça ne servait à rien de se torturer davantage.

Géraldine Buisson flaira la bonne affaire ; d'une part, elle pouvait avoir l'occasion d'aider à coffrer un assassin, d'autre part, le client lui assurait "une note de frais ouverte". C'était largement suffisant pour accepter l'offre.

Elle ouvrit un grand cahier à spirale et nota les renseignements.

— Mon beau-frère Jean Landrezac, le mari de ma sœur Francine, il habite Le Minio à La Vraie-Croix et il a décidé de faire le *Tro Breizh*. Il faut que vous le suiviez et que vous découvriez pourquoi il a eu cette dernière idée bizarre ; aurait-il des remords d'avoir tué sa femme ? Je compte sur vous.

C'est ainsi que Géraldine Buisson se lança, flanqué de Conrad Turq, le stagiaire, sur sa première affaire d'importance où, elle le supputait, elle n'était pas au bout de ses surprises.

III

Le tracteur a toussé un peu par habitude, mais il a réussi à démarrer. Il a une histoire personnelle comme chacun ; il vivait chez une femme tombée enceinte qui travaillait seule sur ses terres et à force de trépidations, elle a accouché dessus, un beau bébé tout neuf avec le cordon et tout. Quand je le lui ai acheté, je l'ai appelé Bienvenu, eu égard. Il appartient au "Crédit Patates", le bon sens près de chez vous.

Il a remplacé mon cheval, "Lamy", un bai fort comme un Turc, avec des fesses qui s'agitaient et se balançaient de droite à gauche. Il ne comprenait que quelques mots : « Hue, ho, dia… » mais ce que j'ai pu lui en raconter !

Dès les premiers kilomètres – je suis parti dans l'après-midi – je me suis senti le roi de la fête. J'étais devant, dans la cabine, Francine souvent à côté de moi, dans son cadre, et des fois sur la table dans la remorque, Camembert toujours fourré entre nous pour sentir qu'on l'aime. Il ne faut pas déroger les règles, sinon tout fout le camp. Tiens, vous soufflez un grain de sable dans le désert et y'en a cent qui éternuent au bout du monde…

Le jour 1, j'ai pris les petites routes qui ont bien le droit d'exister aussi, pour ne pas être embêté par les voitures qui n'aiment pas les escargots. Je suis passé à côté de la cathédrale de Vannes, mais je n'y suis pas entré, car je l'avais réservée pour la fin du voyage. J'ai juste mesuré si les églises sont accessibles au tracteur, ici c'était non, j'ai dû laisser Bienvenu assez loin.

Auray. J'ai traversé le Loch pour le port de Saint-Goustan, mignon comme tout, qui gît dans un bas-fond. Je me suis garé sur un parking. J'ai laissé l'église Saint-Sauveur, puis le Pont-Neuf jeté entre la rivière et la mer, avec la maison de l'octroi où il fallait payer pour passer. De nombreux promeneurs admiraient les maisons avec le mélange de pierre et de bois, et l'eau qui s'avance dans la ville.

Je m'étais préparé des galettes de sarrasin sur la galettière de Francine. Je n'ai pas son tour de main, il fallait la voir manier sa *rozell*… mais elle m'a appris : faut qu'elles soient fines, en dentelle et qu'elles craquent quand on les croque. À la nuit tombante, je me suis régalé sous les étoiles, j'ai donné la dernière – on appelle ça le *galichan*, c'était pour les pauvres, il en reste encore – à Camembert qui a remué la queue en signe de contentement. Là-dessus, je me suis enfilé une bouteille de cidre pétillant comme du champagne, j'en ai ravitaillé une bonne trentaine en réserve pour la soif. Ça m'a fait tout drôle, car j'ai revu le mouvement de ses mains sur le manche. Du coup, ça m'a donné des envies après le repas, c'est comme si je m'étais approché de son lit.

— T'aurais pas une petite place ?

Elle m'aurait filé une beigne ou quelque chose comme ça, car à la fin, elle avait trop de rhumatismes et elle commençait à perdre la tête. Moi, pour la chose, je dois dire que je ne suis pas feignant, dame *gast* non ! Mais faut au moins être deux pour ça.

Avant de m'endormir, j'ai pensé au temps où on se faisait plaisir et à mes bêtes restées là-bas, à la ferme. Yvon, le voisin d'à côté – c'est un copain avec qui on fait des bonnes parties – s'en occupe, mais je ne sais pas si je peux lui faire confiance, il n'a pas toujours les yeux en face. Mais je n'en avais pas d'autre sous la main.

De là, j'ai pensé aux enfants et aux petits-enfants, on a une fille Marie-Françoise, et son fils Yoann, et un garçon Ange qui a Arthur. Mes deux petits bouts m'ont modifié les hormones et le cerveau, ça rappelle avant quand on était père. Je ne peux pas penser à deux choses sans qu'il y en ait une pour eux. Les lardons des lardons c'est pratique, car ça continue notre nom après notre mort, comme ça, on peut avoir l'impression de vivre encore. « Si j'avais su tout le bonheur qu'ils apportent, je les aurais eus avant », comme raconte l'aimant que Francine avait collé sur le Frigidaire. Quand je les évoque, je fonds n'importe où je suis ; je les emporte toujours sur moi, dans un coin de mon cœur.

IV

Géraldine Buisson avait récupéré l'étrange équipage après Vannes et l'avait suivi de loin. Elle pensa qu'un mec qui part ainsi en voyage sur son tracteur, sa veuve dans un cadre, ne doit pas être très net et qu'il a des choses à cacher. Elle avait envoyé Conrad Turq faire une enquête de voisinage, un gars tel que lui, qui passe inaperçu, suscite les confidences. Elle avait pris quelques renseignements sur le bonhomme ; ce fameux Jeannot Landrezac n'était pas dépourvu de personnalité, il aimait les plaisirs de la vie et avait vécu longtemps auprès de sa femme sans qu'on lui connût quelque aventure. Le couple allait cahincaha, avec des engueulades dans la moyenne. Il semblait toutefois que Francine, qui avait vécu autre chose que la condition paysanne avant de le rencontrer, rêvait de nouveaux horizons. Aurait-elle employé sa retraite à voyager, à découvrir des terres inconnues, n'aurait-elle pas laissé tomber son Jeannot complètement attaché à la sienne, à ses bêtes, à ses copains, à son hameau ? La femme, avant son accident d'escalier, semblait en totale rémission de son cancer, elle avait encore de belles années à vivre.

Elle en était là de ses rêveries lorsque le tracteur s'arrêta, le conducteur avait décidé de bivouaquer à Auray. Vingt bornes en une journée, les frais d'essence seraient limités, c'était déjà ça ! Par contre, elle détestait la campagne ; ce qu'elle en avait vu ne l'avait guère enthousiasmé et ne présageait rien de bon pour la suite. La nuit serait tranquille, elle décida de rejoindre Conrad Turq dans son bureau de Vannes pour un débriefing.

Quand elle arriva dans le quartier de Kerlann, le stagiaire somnolait sur une chaise longue. C'était un jeune dégingandé aux cheveux blonds, attachés en catogan, qui lui donnaient un air d'ailleurs, d'habitant d'une autre planète.

— Alors Conrad, as-tu appris des choses intéressantes ?

— Le café Chez Armand, à "Vera Cruz", est une mine, on y apprend tout ce qui se passe dans le bled, pas grand-chose… Jean Landrezac y campe souvent avec ses potes Yvon ou le patron du bar, un certain père Jules les rejoint de temps en temps, rien de palpitant.

— Et sa femme Francine ?

— Une vraie bigote, elle se rendait quasiment tous les jours à l'église, on raconte qu'elle y rencontrait un jeunot qui n'avait pas encore fait ses vœux et qui était là en immersion.

— Comme toi… elle appuya sa phrase d'un sourire charmeur.

Géraldine Buisson était une blonde aux yeux bleus, de petite taille, mais elle dégageait une telle énergie qu'il avait du mal à la suivre. Conrad était amoureux de sa patronne en silence. Il était d'ailleurs amoureux de plusieurs femmes en même temps, plus qu'il n'en pouvait honorer, un cœur gros comme ça ! Même s'il l'avait vue plusieurs fois avec Mirta dans des attitudes qui ne laissaient aucun doute. Toutefois, il ne renonçait pas tout à fait. Resté dans l'adolescence, il convoitait chaque femme comme une friandise.

— Tu veux dire qu'elle pourrait avoir eu une histoire avec le curé ?

— Pas encore curé… séminariste. Ça se raconte. À sa mort, il est reparti chez lui, du côté de Rennes. Je me suis laissé dire qu'il avait jeté sa robe au diable, une litote pour dire qu'il avait rompu ses vœux. Apparemment, la Francine s'ennuyait ferme, sans mauvais jeu de mots, et son mari ne la regardait plus avec le même œil.

— C'est intéressant ce que tu m'apprends là. Quant à moi, j'ai suivi… euh… le tracteur… Il faut faire preuve de doigté et de patience pour rester dans le sillage sans attirer l'attention ! Tu me rejoindras sur la route quand je te le dirai, avant que je devienne folle… Pour l'instant, le possible criminel n'a montré aucun signe de malveillance.

Ils devisèrent encore quelque temps et chacun regagna ses pénates, lui chez papa maman, elle auprès de Mirta, ce que Conrad regretta. Ses parents étaient sympas, mais ils ne pouvaient pas lui apporter ce qu'il recherchait avec véhémence : l'amour d'une femme.

V

Johnny Rosko était commandant au commissariat de police à Vannes. Il se lissa la moustache, se recula dans son fauteuil et s'installa en position quasi horizontale. C'est toujours ainsi qu'il réfléchissait le mieux et prenait les décisions importantes. Ses parents étaient originaires de Roscoff, d'où son patronyme, et lui avaient accolé ce prénom, à cause des Johnnies, ces marchands d'oignons roscovites qui partaient bon an mal an, vendre leur production outre-Manche. Il était en outre affublé d'une boiterie, comme Grand corps malade qu'il vénérait, occasionnée par un accident : sa tête avait violemment heurté le bord d'une piscine. Il était resté plusieurs mois paralysé et n'avait dû sa récupération qu'à sa volonté et à sa constitution d'athlète. Depuis, on le surnommait "Le diable boiteux", en référence à Talleyrand avec qui, pourtant, il avait peu de ressemblance physique, mais il partageait son caractère bien trempé. Il avait hérité de l'homme d'état l'habileté dans les négociations, les reparties cinglantes, pour peu qu'on l'attaquât de front. Non seulement, il ne s'offusquait pas de la filiation que beaucoup auraient trouvé encombrante, mais il la revendiquait plutôt.

Il était sobre, ne fumait pas, restait droit dans sa tête et ne s'accordait aucun écart.

Son supérieur, le divisionnaire Eugène Lerabeau, moins intelligent, n'avait pour lui que mépris et jalousie. Autant l'un brillait par son esprit, autant l'autre, par sa suffisance et ses lacunes professionnelles – il avait habilement manœuvré pour en arriver à ce poste. Les deux hommes avaient du mal à travailler ensemble, ils étaient à l'affût du moindre coup tordu pour mettre l'autre dans la difficulté.

*
*　　*

Quand Rosko arriva sur les lieux, des collègues de la gendarmerie avaient déjà balisé la scène de crime et une nuée d'officiants s'affairaient dans le périmètre. On avait trouvé un homme assassiné à l'extérieur de la cathédrale de Vannes, rue des Chanoines, caché derrière un bosquet d'hortensias.

Le jardinier avait découvert le corps aux aurores. Il gisait sur le sol, dos contre terre, un genou replié et surtout une corolle de sang dans la région du cœur. Le médecin légiste ne fit aucun mystère sur les causes de la mort : elle avait été provoquée par à un coup violent porté par un objet contondant. Rosko appréciait ce plus que cinquantenaire bougon avec qui il avait déjà travaillé plusieurs fois.

— Alors Doc, vos conclusions ?

— Il n'est pas difficile de conclure : une lame ou un objet pointu a perforé le muscle cardiaque.

Alfred Ducroq en avait déjà vu pas mal tout au long de sa carrière et il était blasé ; il venait de la région parisienne où ces genres de faits divers sont légion. Il se considérait en préretraite dans le Morbihan.

Des badauds se tenaient à distance, ne voulant pas rater une miette du spectacle. Rosko donna des ordres à son second Julien Destrac, un jeune lieutenant de police.

— Tu prends une équipe et vous lancez l'enquête de voisinage, je veux tout savoir sur le mec depuis le berceau, jusqu'à ses tendances sexuelles, ses fréquentations, le "menu" habituel… Moi, je dois passer par mon rapport à "l'autre" – il nommait ainsi le commissaire Lerabeau, souhaitant lui voler jusqu'à son identité.

*

* *

Il était revenu au "block" et entra sans frapper dans le bureau du boss qui l'attaqua d'emblée :

— Rosko, je n'irai pas par quatre chemins, vous m'emmerdez, cette affaire m'emmerde, c'est pour cela que je vous la confie.

— Je n'en attendais pas moins de vous.

Le commandant lui balança les premiers éléments dont il disposait.

— Le mort, Ludovic Méchin, était diacre à l'église Saint-Patern, il venait souvent à la cathédrale. On ne lui connaissait pas d'ennemis.

— Ça fait mauvais genre, éructa Lerabeau, l'évêché est en émoi, il a alerté la mairie et les autorités. Je vous conjure de mener rondement cette affaire… si vous en êtes capable.

Après des échanges veloutés, Johnny Rosko tourna les talons, moins il voyait le singe, mieux il se portait. Il regagna son bureau pour écrire le PV des premières constatations. Julien Destrac le rejoignit deux heures plus tard. Ce dernier était une récente recrue de 25 ans qui vouait à son hiérarchique une admiration sans bornes, mêlée à une crainte de le voir exploser à chaque instant.

— Lambert décortique sa vie, il a pour consigne de noter le moindre frémissement de poil ou de clignement de cil. Il va bientôt me rendre compte de ses recherches. J'ai rencontré plusieurs personnes, elles sont unanimes : la victime était on ne peut plus discrète et faisait peu parler d'elle. À part ses apparitions comme diacre, c'était "L'homme invisible".

Rosko tenait son équipe en haute estime, elle faisait toujours le job de façon très pro. Il se félicita d'avoir intégré le nouvel élément qu'il avait jugé d'emblée très brillant.

— Bon, tu continues, je vais m'occuper de la veuve et des orphelins.

Ils se dirigèrent vers la machine et le commandant proposa un café à son second.

— Les histoires de fric, de fesses, c'est de la routine, mais là, y'a le frac… la religion, et ça risque d'être plus délicat.

Destrac en convint aisément. Tout en faisant la grimace, Rosko éructa :

— Bordel, faudra changer de fournisseur, cette machine dégueule du café de basse classe !

Ce n'était pas une raison pour donner un grand coup de pied dedans, qui résonna jusque dans sa jambe malade. Elle se faisait rarement oublier.

VI

Le lendemain de ma première nuit agitée, déjà loin du Minio, j'ai pensé à Francine… Elle avait de l'embrun dans les yeux, car elle est native de Penvins sur la Presqu'île de Rhuys, ce n'est qu'après, qu'elle a émigré à la ville. Sur la fin, c'était une forte tête qui ne me laissait jamais tranquille. Si elle ne s'était pas cassé la pipe, Dieu sait quelles misères elle m'aurait faites !

J'ai évité les quatre-voies qui sont gratuites chez nous, à cause d'Anne qui avait le cœur sur la main et pas intéressée pour faire payer les voyageurs. Les paysages se ressemblaient, mais ils étaient différents ; si on n'aime pas les bruyères, les landes et les genêts, faut pas venir en Bretagne.

Après Landevant, je suis arrivé dans le pays de Lorient.

J'ai dépassé le port d'Hennebont, la ville des anciennes forges, maintenant à Inzinzac-Lochrist. J'ai admiré le château et ses fortifications. Après le pont de pierre avec plein d'arches, je n'ai pas pu m'empêcher d'acheter un *kouign-amann* débordant de beurre et qui tient au corps, et je l'ai mangé sur les bords du Blavet.

Y'a une promiscuité sur un tracteur, c'est comme sur un bateau, ça passe ou ça casse, et je voulais voir jusqu'où je pouvais aller avec Francine là et pas là, comme ça, j'aurais mesuré combien elle était encore vivante. Parce qu'on a beau avoir été mariés ensemble plus de vingt ans, on avait quand même du mal à se supporter dans la même maison.

En longeant une route départementale, j'ai vu un laboureur dans son champ, alors vous savez ce que c'est, quand un tracteur rencontre un autre tracteur… N'importe où dans le monde, on reconnaîtrait entre mille ceux qui travaillent la terre, à cause des mains, des ongles, des corps, des vêtements, des façons de se tenir et de causer.

On a parlé mécanique, lui, il avait un trente tonnes, un Lamborghini, il m'a dit que le Massey, je pouvais le mettre à la casse, « mais c'est pas sûr qu'ils le prennent, peut-être tu devras payer ! » J'ai regardé Bienvenu et je ne l'ai pas trouvé si piteux d'état que ça, l'autre devait être jaloux. En tout cas, il était bavard comme une pie, c'était le genre de gars, tu lui demandes l'heure et il te raconte sa vie. Et sa vie c'était dans les champs infinis, il ne connaissait que ça comme ligne d'horizon.

Je n'aurais jamais dû m'arrêter, car j'ai eu un mal de chien à repartir, c'est toujours pareil avec les bavards, ils te prennent la tête et ne la lâchent plus. « Mal de chien », ça m'a fait penser à Camembert qui dormait dans la remorque, lui les paysages, il n'est pas intéressé, c'est une affaire d'hommes. C'est une boule de poil qui n'a pas de race, sauf que c'est un chien à vaches qui n'avait pas de pareil à les rassembler ou les faire rentrer, un vrai métier. Il courait après l'une et après l'autre, et finissait toujours par gagner. Francine disait souvent : « Bien que ce soit ton chien, il est intelligent. » C'est vrai qu'on dirait qu'il parle avec les yeux. « Il ne lui manque que la parole », dit Yvon, mon copain, et il sait de quoi il parle, il est presque muet, alors ça l'impressionne. Il bégaie, parce qu'un jour, quand il était gosse, il s'est trouvé enfermé dans la cave et tous ces bras et ces yeux dans le noir, qui le guettaient, ça lui a donné des peurs bleues. Camembert tient à moi comme le bateau à la mer. Le soir, je l'attache à la remorque et faudrait pas que quelqu'un vienne à attaquer, il défendrait mieux que des armes.

*

*   *

Arrivé à Larmor-Plage, je suis tombé nez à nez avec l'océan. Tu peux le regarder dans les yeux, ce n'est pas lui qui les baissera. Il a des odeurs particulières avec l'iode, le goémon et les chiures d'oiseaux, tu ne peux pas te tromper, t'es en Bretagne ! Faut pas chercher à savoir combien l'océan contient de litres d'eau ni ce qu'il ramène de ses voyages, il faut le laisser faire et il apporte plein de bonnes choses. Francine adorait se promener à son bord, elle ramenait toutes sortes de saloperies, des laisses de mer, et elle fabriquait des objets avec, ou des bijoux en coquillage, je ne lui disais pas que c'étaient des ramasse-poussière, vu que c'est elle qui faisait le ménage. Elle disait, je me rappelle, c'était beau : « Devant lui, t'as pas envie de le vider, mais de vider ton sac, oui, de lui confier tes peines et tes chagrins, il noie tout ça dans son liquide. » C'était une penseuse, Francine ; dans son autre vie d'avant moi, elle était commerçante, et ces gens-là sont habitués à parler avec les gens et à penser aussi. Si je ne l'avais pas détournée, elle serait devenue quelqu'une.

Du coup, avec des larmes dans les yeux à cause du vent qui naît toujours sur la mer, je l'ai invitée au restaurant. Je l'ai installée à côté de moi sur une chaise, la serveuse a dû me prendre pour un fou, mais pas grave, dame *gast* non ! Et je nous ai commandé une choucroute de la mer. Le restaurant s'appelait le "Mor Braz" et la taulière était sympa comme une porte de prison, mais la cuisine était bonne. Moi, je lorgnais surtout la petite serveuse qui était mignonne comme un bouchon et qui n'avait pas froid aux yeux, *gast* ! et qui avait des jambes musclées comme un cycliste et des nichons qu'on aurait dit les deux mamelles de la France.

J'y ai questionné :

— Comment allez-vous ?

Elle a répondu :

— Un jour ça va, un jour ça va pas, ça fait deux jours de passés.

Elle était rigolote la cocotte, alors quand elle m'a demandé :

— Qu'est-ce qu'il va prendre, le monsieur ?

J'y ai dit :

— La serveuse, si c'est possible…

Elle a rigolé torride.

Vous auriez vu les yeux de Francine, pire que des grands yeux de vache, ronds comme des ballons et tueurs comme des fusils de chasse. Alors pour me faire pardonner, je me suis offert une coupe de champagne, y'avait pas de raison, *gast* ! Et j'ai bu à sa santé. Ce n'est pas tous les jours qu'on fait le *Tro Breizh*. Et puis de fil en aiguille, on… j'ai bu la bouteille entière, si bien qu'on… que je commençais à confondre le jour et la nuit. Je crois que c'est à cause des bulles que, ce soir-là, Francine m'a raconté notre rencontre.

Son père s'est barré quand elle était toute jeune, si bien qu'elle est restée boiteuse un bon bout de temps. Elle a épousé son premier mari très jeune et il ressemblait un peu à son père, elle voulait recoller les morceaux, ce qui n'est pas facile quand on n'a pas le plan du départ, il lui manquait le schéma de montage. Ils ont été heureux dans leur magasin parisien, mais dix ans plus tard, il a atteint un infractus qui l'a tué ; elle s'est dit : Voilà que ça recommence, il se barre aussi ! Elle a mis du temps à faire son deuil, car ça ne se fait pas comme ça, je suis là pour témoigner. Et puis, elle est revenue en Bretagne pour calmer sa douleur et il y a eu le coup de la panne, sa voiture a versé au fossé sur la route glissante, au bout du chemin de chez moi.

Elle m'a trouvé sympa avec mes bottes vertes et mon air ahuri, merci Francine ! Elle a eu pour ainsi dire le coup de foudre quand j'ai volé à son secours avec Lamy, mon cheval, qui l'a tirée de là. Moi, je l'ai bien aimée aussi dès le début, faut dire qu'on ne voit pas grand monde à la campagne et surtout pas des belles femmes. Après, on a eu des coups de foutre et ça n'est pas désagréable non plus. Ce qui nous a mis deux enfants au monde, un gars et une fille : Marie-Françoise, l'aînée, et Ange, le cadet, qui sont de beaux enfants qu'on nous a livrés et qu'on a aimés comme on a pu.

J'ai eu l'impression, dans l'alcool, que ses yeux verts se sont accrochés aux miens et c'était comme si on avait de la pluie dedans, dites donc ! Elle a posé sa main sur ma main et elle m'a dit en mangeant sa crème brûlée, pour ainsi dire :

— Je suis bien avec toi.

Alors je ne savais plus ce qui était vrai et faux ; est-ce qu'on était sur le chemin du *Tro Breizh* ou quoi ? Est-ce qu'il n'y avait pas des inventions ? Est-ce que ma tête tournait bien rond ? Je me suis retrouvé, "chépa" comment, dans la remorque à rêver.

Francine avait revécu. Elle était revenue du cimetière avec des fleurs et elle les a posées sur la table. D'ailleurs, ce n'était pas une table, c'était l'établi dans la loge à battre. D'ailleurs, ce n'étaient pas des fleurs, c'étaient des bouquets d'enfants qu'elle m'avait lancés à la figure. « Tiens, les voilà, ceux que tu m'as faits ! » Elle criait dans mes oreilles et moi, j'aurais préféré écouter le bruit de la mer ou des branches qui craquent dans le vent. Et puis, tout a disparu, on était sur la lande, la nuit. Et y'avait quelqu'un, je crois que c'était l'Ankou, qui a dit : « Ça y est, il est temps de repartir ! Francine, je suis revenu te chercher ! » J'ai essayé de la retenir en lui offrant des fleurs et des enfants, mais elle a suivi le squelette en rigolant de moi : « Tu ne me mérites pas, je rejoins les miens, là-bas. » Je suis resté triste et seul, avec la quéquette basse, et je me suis allongé sur la terre et j'ai pleuré, *gast*, en étant piqué de partout par la lande, j'ai pleuré et je n'arrivais pas à m'arrêter, tellement mes épaules étaient secouées. Et alors, la petite serveuse du restaurant est arrivée, elle m'a pris dans ses bras en disant : « Faut pas pleurer comme ça, une de perdue, dix de retrouvées ! » et on a fait l'amour sur la lande, mais ce n'était pas dur, c'était comme un lit de fleurs et au moment où… Paf ! Je me suis réveillé tout en sueur sur mon lit de camp… C'est souvent qu'on n'arrive pas aux meilleurs moments.

VII

Ce Jeannot Landrezac avançait à un train de séna-
teur et Géraldine Buisson avait tout le temps de le
suivre. Il n'avait pas rencontré grand monde, quelques saluts à des personnes de passage. La détective
privée était une femme urbaine. Elle aimait les
monuments, flâner dans les rues, le nez en l'air, et
humer les parfums de pollution. Le fumier, le purin,
l'odeur du foin coupé, non merci... Elle avait jeté
son dévolu sur Vannes, une ville moyenne, mais dès
que ses moyens le lui permettraient, c'est à Paris
qu'elle irait s'établir quand son affaire lui aurait
rapporté assez d'argent, Mirta était prête à la suivre.

Le retraité s'était arrêté au bord du Blavet où il
s'était empiffré d'un *kouign-amann* pour prendre
soin de son cholestérol. Ensuite, elle se força à
établir le contact avec Robert Lamourier, un paysan
qui cultivait son champ. Il se répandit facilement,
n'ayant pas trouvé de répondant avec ce gars qui
circulait en tracteur et qui n'appartenait déjà plus à
son monde.

— Qu'est-ce qu'il vous a dit au juste ?

Il était partagé entre le désir d'envoyer promener
cette bien curieuse et de faire un brin de causette

avec une belle plante à qui il aurait volontiers conté fleurette.

— Ça vous regarde ?

— Naturellement ! Je suis journaliste et je projette un reportage sur ce voyageur qui fait le *Tro Breizh* en tracteur.

— Il m'a rien dit… seulement qu'il était à la retraite et qu'il se dégourdissait les guiboles. On a parlé surtout mécanique.

— Et comment l'avez-vous trouvé ?

— Vous voulez mon avis ?

— Naturellement !

— Je passerai dans le journal ?

— Naturellement.

— Un peu barré. Il avait une photo dans un cadre auprès de lui et il m'a pas renseigné quand je lui ai posé la question de savoir.

— C'est sa femme… elle est morte… elle a chuté dans l'escalier.

— Je vais vous dire, il ne serait pas étranger à l'affaire que ça ne m'étonnerait pas.

— Pourquoi dites-vous ça ?

— Il lorgnait de temps en temps sur le cadre avec un air de pas être innocent.

— Vous êtes marié ?

— Naturellement !

— Et vous, votre femme, vous l'auriez tuée ?

Géraldine Buisson dut décamper avant que Robert Lamourier ne descende de son tracteur et ne sorte de ses gonds. Il était tout rouge de colère et elle se dit que ce n'était plus le moment de causer paysannerie. Elle suivit Jean Landrezac jusqu'au soir, tandis qu'il dînait au Mor Braz, un restaurant pour touristes, à Larmor-Plage.

« Il a pas froid aux yeux le Jeannot. Il a fait du gringue à la petite serveuse. Il a vite oublié sa femme, celui-là ! Et si son beauf, le Daniel Chicoine, avait raison ? Curieux bonhomme, il va falloir creuser… »

Elle termina sa salade composée et commanda un café. L'autre se goinfrait avec sa choucroute de la mer. Elle voyait ses lèvres remuer comme une obsession. Un lourdaud, un rustre, un paysan. Décidément, elle ne les portait pas dans son cœur. Mais elle ne devait pas se laisser aller à ses préjugés.

Il dormit dans sa remorque. Elle dormit dans sa voiture, loin des bras chauds de Mirta. On ne peut pas tout avoir.

VIII

Après Guidel, j'étais vers l'anse du Pouldu. J'ai juste regardé la bouche de la Laïta qui aurait bien des choses à dire et qu'on voit du pont Saint-Maurice, et les plages et les dunes avec encore des blockhaus du mur de l'Atlantique. C'était le Finistère : Penn-ar-Bed, le bout du bout et la fin de tout, à en croire les anciens.

Ce n'était pas le tout de battre sa femme et manger tout, comme dit le père Jules qui n'en a pas, mais en pensant à tout ça, j'étais arrivé à Quimperlé. J'ai retrouvé la Laïta, engrossée par l'Isole et l'Ellé, qui me suivait partout. Tu peux faire n'importe quoi, y'a toujours une rivière qui va à un fleuve qui va à la mer, y'a pas à tortiller, la flotte a besoin de couler, personne ne peut l'empêcher. Et les petites rivières font les grands fleuves et les poissons dedans font vivre les hommes. Mais il ne faut pas prendre plus que tu peux en manger, parce que quand y'en a plus, y'en a plus, faut pas venir pleurer. Les hommes ont toujours peur de manquer, alors ils emmagasinent plus que leurs besoins. Mon grand-père disait que c'est à cause de la guerre, que ma grand-mère avait toujours des réserves de savon, de farine, de café et de chicorée Leroux – pour avoir les mouchoirs en tissu à carreaux, elle collectionnait les bons… C'était normal pour eux, car ils n'avaient que des rutabagas et des topinambours à manger, les Boches n'en voulaient pas, mais maintenant, nos poubelles débordent que c'en est une honte pour ceux qui manquent.

Au fur et à mesure que je me creusais la cervelle, le Massey commençait à montrer des signes de fatigue. On n'était pourtant pas très loin de notre point de départ, mais il avait déjà de la vieillesse dans le corps, qui devait le ralentir. Il ne voulait plus monter les côtes, il rechignait dans les descentes, il était poussif sur le plat, j'avais beau l'encourager, lui crier du réconfort :

— Tu ne m'as pas lâché en dix ans de côtoiement, alors c'est pas au bout de cent kilomètres que tu vas me chier dans les bottes, encore un effort, mon petit Bienvenu, t'auras de l'avoine quand tu rentreras à l'écurie ! Y'en a qui ont porté leur croix jusqu'en haut des montagnes, alors toi, tu ne vas pas faire ton feignant !

J'avais l'impression de pisser dans un violon et que c'était trop dur pour lui ces six cents bornes annoncées.

— Francine, elle a besoin de voir ses sept saints et de leur lécher les souliers, pour gagner le Paradis qu'elle a bien mérité, tu crois pas, toi qui l'as connue ? Et puis y'en a peut-être un aussi pour les tracteurs, mais il faut le mériter !

Il n'écoutait pas ce que je lui disais, il n'en avait rien à cirer les bottes de sainte Francine, ce n'était pas son truc, lui, c'était de rester bien peinard à la ferme, de temps en temps faire un tour de champ et hop là, à la remise, mais pour le reste…

Et tout d'un coup, sans crier gare, je ne sais ce qui lui est arrivé, peut-être Francine avec ses gros sabots, elle avait réussi à le convaincre, bref, il s'est mis à tousser, a rejeté un épais nuage de fumée et il a tracé sur la route, comme un cabri ou un garçon qui court à sa première meule de foin. Je l'aurais embrassé sur le capot si j'avais pu descendre, mais ça l'aurait freiné dans son élan, alors je lui ai fait une bise à l'intérieur.

On a laissé à droite Moëlan-sur-Mer, pour arriver à Clohars-Carnoët, accompagnés du Guily et du Bélon qui nous suivaient comme des chiens fidèles. Après avoir laissé le port de Rosbras, j'ai fait pareil avec celui de Riec-sur-Belon.

*
*   *

On a pris ensuite la route de Pont-Aven et j'ai laissé le tracteur à côté d'une petite crique où la côte était déchiquetée. Des arbres empêchaient de voir la mer, mais on était bien tout de même.

Entre la Laïta et Pont-Aven, la côte est découpée comme une scie, si bien qu'on a des tas de petits ports de pêche miniatures comme ma collection de nains de jardin. Les villages sont adorables et souvent, on dirait qu'ils sont endormis, mais dans les maisons, y'a plein de gens qui vivent.

Francine avait connu un peintre à Pont-Aven qui ressemblait à son père. Il lui avait dit qu'un tas de célébrités étaient venues ici chercher la lumière. Elle parlait de la lumière pour leurs tableaux, mais moi j'étais dans celle de l'ampoule, alors elle a rigolé. Je me demande comment on peut rester des heures devant une toile, à peindre et à fignoler des détails. C'est pareil que la barbouille des peintres en bâtiment, sauf que là, ils doivent faire plus petit à cause du cadre de la toile. Le peintre était un gars de la côte, c'est une race à part. Ils sentent l'iode, ils se biturent d'horizon, ils ne tiennent pas en place, toujours à vouloir aller voguer. Mais quand ils sont au loin, ils ont besoin de revenir dans leur maison d'attache où leur femme les attend, pour ainsi dire, sur le pas de la porte. Chez eux, le vent chasse les nuages et le calme revient toujours dans leur vie.

— Je crois qu'il m'a aimée, ce peintre, elle m'a dit un jour, « il a même fait mon portrait. » C'est le cadre que j'ai mis au grenier. Parce que je ne retrouvais pas du tout Francine dedans. Il l'avait tarabiscotée, alors qu'elle, elle a un si beau visage, comme la madone sur l'image qu'on m'a donnée pour ma communion. Mes parents ont fait écrire dessus mon nom et la date en lignes d'or. Ses deux côtés du visage étaient exactement pareils à Francine, alors qu'il les avait peinturlurés différents, on aurait dit une métamorphose de têtard en grenouille. Francine, en réalité, avait une bouche dessinée qui donnait envie d'embrasser ses lèvres au goût sucré-salé.

Et pour revenir sur la terre, j'ai mangé le paquet de biscuits Traou Mad que j'avais acheté dans une fabrique.

IX

Conrad Turq était parti en reconnaissance à Bréti-
gny-sur-Orge, pour glaner des renseignements
concernant Francine Crocheteux, la femme de Jean
Landrezac.

Géraldine Buisson avait interrogé la petite serveuse du restaurant "Le Mor Braz" pour savoir de quoi
ils avaient parlé. Celle-ci ne s'était pas fait prier
pour s'ouvrir à cette femme qui poussait à la confidence et qu'elle ne sentait pas insensible à son
charme.

— Je crois que j'aurais pas eu beaucoup à pousser pour qu'il me tombe dans les bras et, des bras au
lit, il n'y a qu'un pas, pas vrai ?

Maud Patel ne s'encombrait apparemment pas de
litote.

— À part ça, de quoi vous… t'a-t-il parlé ?

— Oh, comme beaucoup, de la pluie et du beau
temps, car ils ne connaissent pas grand-chose aux
femmes, ils en ont peur, pas vrai ?

Elle se fendit d'un beau sourire que la détective
privée prit de plein fouet. « Pas se laisser aller, Mirta m'attend à la maison… Nom de Dieu, pourquoi
a-t-on des sentiments qui débordent nos rivières ? »

— Il t'a parlé de sa femme ?

— Ah, il est marié ? Je me disais aussi, il trimballait un cadre avec la photo d'une femme, c'est la sienne ?

— Elle est morte, poussée dans l'escalier.

— Non… c'est ce vieux cochon qui a fait le coup ?

— On n'en sait rien, j'enquête là-dessus.

— T'es de la police ? interrogea Maud en se renfrognant.

— Détective privée !

— Ah, j'en ai jamais rencontré, ça fait rêver ton job. Tu pourras me rancarder là-dessus, serveuse c'est pas un contrat à durée indéterminée, j'aimerais bien sortir de ce trou à rats où le patron me pince les fesses et la patronne m'engueule en continu.

— On verra, je repasserai te voir un de ces jours…

— Donc, ce mec, il fait quoi à part tuer sa femme ?

— Le *Tro Breizh*…

— C'est quoi ce machin ?

Géraldine Buisson le lui expliqua en quelques mots.

— C'est une sorte de cureton en sorte, genre un peu déluré sur les bords… T'enquêtes aussi sur le mort de la cathédrale de Vannes ?

Les médias venaient de diffuser la nouvelle et Géraldine Buisson ne savait qu'en penser.

— Non, ça, c'est la police.

— Tu veux un café ? Les patrons sont rentrés chez eux, c'est moi qui ferme la boutique.

Sans attendre la réponse, elle était allée préparer deux tasses au percolateur. En les servant, elle avait frôlé la main de la détective qu'un frisson parcourut.

— Tu reviens quand tu veux, dit-elle, enjôleuse. Les mecs, je les trouve plus cons que la lune et j'aimerais bien… avec une meuf comme toi… je sens des dispositions…

— Pas d'affolement, j'ai une copine, même si je te trouve super. Donc rien d'autre à m'apprendre sur ce Jean Landrezac ?

— C'est comme ça qu'il s'appelle ? Un drôle, si tu veux mon avis. J'aimerais pas le croiser la nuit dans une rue déserte.

Ce n'était qu'une intuition et Géraldine Buisson ne pouvait mettre cela in extenso dans son dossier. Le Daniel Chicoine se ruerait là-dessus sans discernement. Elle le sentait prêt à charger son beau-frère, ça ne devait pas marcher très fort entre les deux hommes. Elle appela Conrad Turq qui avait retrouvé la trace de Francine Crocheteux.

— C'était une femme au fort tempérament qui ne s'en laissait pas conter. Son premier mari est mort dans des circonstances assez troubles – Il allait s'employer à les éclaircir dans les heures à venir – Ils ont tenu une quincaillerie-bazar, c'était courant à l'époque. C'était la reine du business et les gens ont trouvé bizarre qu'elle aille s'enterrer dans le trou dont je leur ai parlé. C'était pas son genre au début, à la Francine, elle préférait le clinquant et le paraître, "on" trouve que la vie paysanne ne lui ressemble pas, ou alors elle aurait bien changé. La mort de son mari lui a laissé un bon pactole dont a bénéficié le nouveau.

Géraldine Buisson regardait le paysage, mi-intéressée mi-navrée. Elle trouvait ça beau, mais elle savait aussi qu'elle en aurait vite une indigestion. « Quimperlé, Pont-Aven, le Finistère… Faut voir ! »

X

Le commandant Rosko était tout sauf un héros de polar. Il ne buvait pas, ne fumait pas, il avait tout arrêté, subitement, à dix-huit ans, quand il s'était aperçu que sa vie prenait un mauvais tournant. Il s'autorisait à fumer un joint de temps en temps. Pour le reste, il aimait les femmes, n'en avait aucune d'attitrée et se passionnait pour son métier. Son second, Julien Destrac, venait rarement chez lui, mais la première fois, il fut étonné par un élevage de bourdons que l'hôte lui fit visiter.

— Je suis fasciné par leur paradoxe, lui avait-il expliqué, voilà un insecte qui, selon les lois de la physique, ne devrait pas voler et pourtant…

Il lui parla de sa passion, debout, avec force gestes, pendant une bonne heure. Julien Destrac n'avait pas étudié la question auparavant et il se montra poliment intéressé. Il rangea l'étude de cette bizarrerie dans la malle des incongruités de son boss.

*
*   *

Rosko fut reçu par Madeleine Méchin, la veuve du diacre assassiné. Elle habitait une maison à colombages dans le centre historique de Vannes, rue de Roscanvec. « Manquent pas de moyens ! » L'immobilier avait grimpé pour atteindre des sommets. On venait dans le sud du Morbihan de tous les coins de France, surtout les retraités, ce qui entraînait un vieillissement inquiétant de la population. Rosko aimait bien cette ville chargée d'histoire, mais il avait un peu de mal avec certains habitants, les riches commerçants et les bourgeois arrivistes. Il fit taire les commentaires qui l'assaillaient souvent, pour se retirer dans une vie intérieure très riche, face à l'extérieure qu'il trouvait décevante. Il aurait aimé vivre au temps de Talleyrand, son surnom, l'homme n'avait pas dû s'ennuyer dans l'existence.

La veuve était triste, fagotée dans sa peine. « Quarantième rugissante », se la décrivit-il et immédiatement : « Comment baise-t-elle ? » Dès qu'il voyait une femme, il avait besoin de l'imaginer en train de faire l'amour avec lui. Elles y passaient toutes, les jeunes, les vieilles, les petites, les grandes, ça le confortait dans son célibat. Il ne passait à l'acte que rarement, par peur d'être déçu.

Madeleine Méchin alla lui faire du café, on sait recevoir chez ces gens-là ! Il n'eut pas besoin de lui demander de parler de son mari, elle devint intarissable, après avoir posé le plateau et lui avoir servi un breuvage fumant dans un mazagran à fleurs. « Bigre ! »

— Un tel homme, comment peut-on l'assassiner de façon si horrible ? Il avait pour les autres un amour immodéré, ce qui lui causa quelques soucis d'ailleurs, il ne se protégeait pas. Il passait outre mes avertissements.

Rosko s'engouffra dans la brèche.

— Dans votre entourage, on devait trouver bizarres ces activités religieuses, n'est-ce pas ? Ne pensait-on pas qu'il avait des choses à se faire pardonner ?

— On ne peut empêcher les gens de ragoter… C'était un serviteur zélé de l'Église, mais attention, il s'occupait aussi de sa famille, moi et les enfants. Octave a 22 ans et Camille 16, elle est encore au lycée à Saint-François-Xavier. Elle voue à son père une admiration sans bornes. Commissaire, je ne vois pas qui lui en voulait à ce point.

— Commandant…

— Pardon ?

— Je ne suis pas commissaire, mais commandant. On m'a dit que vous étiez allée à la morgue…

— De grâce, ne le charcutez pas !

— L'autopsie est obligatoire en cas de mort violente.

Elle s'assombrit, cet homme ne prenait pas de gants, mais il faisait son boulot. Elle préférait l'efficacité.

— Terrible de voir un des siens tué de cette façon !

Rosko lut le rapport d'autopsie. Ludovic Méchin était mort sur le coup, il avait reçu un coup mortel dans la région du cœur ; on n'avait pas retrouvé l'arme.

Madeleine Méchin recoiffa une mèche rebelle.

— Au moins, il n'a pas souffert, même si c'est une maigre consolation.

— Donc ses ennemis ?

— Vous m'avez mal comprise, j'ai parlé de gens qui pouvaient lui en vouloir, mais d'ennemis, certes non, Ludovic avait des tas de relations.

— Des collègues de travail ?

— Vous n'ignorez pas qu'il était fonctionnaire aux impôts, il était très bien vu de sa hiérarchie et de ses collègues, certains venaient ici jouer au rami.

— Vous me ferez la liste de ses fréquentations… Abordons maintenant votre couple…

Elle eut un léger tressaillement. « Madame s'ouvrirait-elle à d'autres horizons ? »

— Un rythme de croisière, si je peux employer cette image.

« Avec Costa, attention au naufrage ! »

Il trouva qu'elle était moins affectée par la disparition de son mari qu'à son arrivée. L'état de veuve éplorée avait vécu, jugea Rosko.

— Vous vous ennuyiez avec lui, vous alliez voir ailleurs si…

— Ludovic passait beaucoup de temps à l'église et aux offices, moi je vais à la messe seulement le dimanche. Vous comprenez…

— À peu près, sauf que je n'ai pas saisi le nom de votre amant.

Elle bredouilla, se troubla et finit par le donner à ce flic peu ordinaire. Il s'était levé, marchait de long en large en claudiquant. Il utilisait son handicap comme un paravent, on avait pitié de lui ou il agaçait. Il ne laissait jamais indifférent.

Rosko la laissa et revint au bureau après être allé consommer sa mousse sans alcool quotidienne au café "Marie Lefranc", une femme de lettres née sur la presqu'île de Rhuys et qui avait passé son temps entre la Bretagne et le Québec. Peu de temps après, Julien Destrac, son adjoint, revint de son enquête de voisinage et ce qu'il lui apprit ne laissa pas de le surprendre.

XI

Trégunc…

Après être passé sur la rivière Minaouët, on en franchit une nouvelle : le Moros. Et de fil en aiguille, on arrive face à Concarneau. La ville Close à gauche, plus l'entrée du port, et à droite, tout seul comme un grand, un petit château avec une tour, niché dans la verdure, qui regarde tout ça avec des yeux habitués. Je passai mon chemin pour y revenir plus tard.

J'approchai de la Forêt-Fouesnant, ville fleurie 3 étoiles, en descente, et là, j'étais sur un petit chemin de campagne, quand j'ai vu un car qui s'était embourbé. Il avait beaucoup plu ce jour-là et le petit ruisseau sous le pont était devenu une grande rivière. Le chauffeur était tout énervé avec les gamins qui braillaient et faisaient du chahut. Le gars est sorti et il est venu à ma rencontre.

— Pourriez pas m'aider ? qu'il a questionné.

Je me suis demandé si le Massey allait bien vouloir, mais avant d'avoir la réponse, il a bien voulu. J'ai accroché une corde – mon grand-père disait qu'il fallait toujours avoir en poche une ficelle et un couteau – entre le car et le tracteur. Tu parles si les enfants s'amusaient, ça leur changeait des leçons à l'école où tu dois travailler sans être payé et là, ils voyaient quelqu'un qui bossait pour eux. Bienvenu a tiré, sué, suffoqué, s'est secoué, mais il a fini par sortir le car de son mauvais pas. Le chauffeur, il s'appelait Lucien, m'a remercié.

J'ai remarqué qu'il portait une chaîne à son cou avec un saint Christophe, c'est ce qu'il m'a dit en voyant mon grand intérêt. Il m'a expliqué :

— Tu devrais l'avoir avec toi, il protège les voyageurs.

Ce qu'il y a de bien et je l'ai découvert dès le début du voyage, c'est qu'on en apprend beaucoup plus en allant vers les autres qu'en restant chez soi. Car sinon, on attrape la grosse tête, on a l'impression d'être seul au monde avec quelques personnes autour, qu'il n'y a que le tour de son piquet de chèvre ; si on ne va jamais brouter ailleurs, on ne peut pas savoir le goût de l'herbe des autres et des autres herbes.

Lucien a ri du coin de l'œil, l'air de dire : « Heureusement que je l'avais ! » Les gosses l'ont charrié derrière la vitre. À moi, certains m'ont tiré la langue et d'autres pire encore, car ils étaient mal élevés, mais il ne faut pas leur en vouloir, c'est aux parents qu'on devrait tirer les oreilles. C'est à eux de leur apprendre la politesse et tout ce qui va avec pour ne pas être impoli avec les autres. Ça leur apprendra, je leur ai tiré la langue aussi et en plus, j'ai bougé mes oreilles avec mes mains, j'ai hésité à leur faire un bras d'honneur, pour leur rendre la pareille et leur montrer comment c'est laid quelqu'un qui répond mal.

En tout cas, Francine a eu l'air de me remercier pour eux. C'est là que j'ai remarqué qu'elle portait, elle aussi, une croix sur la photo. Je ne sais pas si c'était un saint ou la Vierge, je ne voyais pas bien. À force de vivre auprès des gens, on ignore leur accoutrement et leur physique.

Lucien, avant de partir, m'a raconté l'histoire de Christophe.

C'était quelqu'un, un monsieur, un colosse qui passait son temps à être passeur. Ça existait comme métier à cette époque-là ; il y en a encore : je connais celui de l'île Berder, près de Larmor-Baden, ou celui de Saint-Armel, sur la Presqu'île de Rhuys. Mais lui, il portait tout le monde sur ses fortes épaules, y'en avait pas deux comme lui dans sa région. Et voilà qu'un jour, il devait faire passer un petit garçon de rien du tout. « Fastoche ! » il se dit comme ça, « Ça va être du gâteau. » Mais on ne sait pas ce qui arriva, le gamin était si lourd que notre Christophe avait un mal fou à le transporter. Il faut comprendre que c'est une légende et qu'il portait Jésus-Christ sur ses épaules et donc tout le poids du monde et ça, c'est vachement lourd. Pour dire que c'était vrai, Jésus lui dit : « Plante ta perche dans le sol et fleuriront des dattes et des feuilles… » Moi, j'ai jamais vu une trique sèche devenir un arbre,

mais c'est comme si j'avais porté sur le dos du tracteur une vingtaine de Jésus et que j'avais réussi à
les faire traverser.

C'est là que j'ai vu un poiscaille gigoter sur le
sol. Il avait débordé avec la rivière. Je l'ai mis dans
un seau d'eau.

Je faisais des pas autour du récipient où j'avais
mis la truite. Il y avait un vent à décorner les bœufs,
si t'aimes pas le vent, faut pas venir en Bretagne !
Moi, je l'aime bien forcément, dame *gast* oui, même
s'il décoiffe tout le monde et les Bigoudènes. Si t'es
breton, t'es obligé d'aimer le vent, sinon tu changes
de pays, y'en a tout le temps pour un oui ou pour un
non, mais il chasse les nuages et le calme revient
après sur l'océan, forcément. Mais là, il était si fort
que je n'ai pas vu qu'il pouvait arracher un arbre.
C'est-à-dire qu'il y a eu un grand craquement et il
m'est tombé « à un poil de cheveu, pour être poli »,
comme disait ma grand-mère. Camembert s'était
barré, il avait suivi son instinct qui l'empêche de
mourir quand il y a du danger. J'ai regardé le seau,
l'arbre était tombé dessus, écrabouillant mon poisson.
Je me suis dit comme ça qu'il m'avait protégé,
il avait préféré mourir à ma place. C'était lui ou moi
et il a dû appeler la police-secours de l'arbre avec sa
voix de poisson pour qu'il lui tombe dessus. Il s'é-
tait sacrifié, *gast* ! Et ça m'a fait tout drôle. Je dois
vous avouer que j'avais une peur bleue dans le
rétro.

Tout ça avait fatigué Bienvenu, le Massey, et il

recommençait à tousser, je crois bien qu'il avait attrapé un rhume. C'est fragile à son âge, ça récupère tout ce qui traîne de mauvais. J'espérais qu'il n'allait pas me refiler sa crève.

Le soir, c'était vers Saint-Évarzec, vous me direz : « Il va pas droit, celui-là », ben, c'est que j'allais où je voulais et je prenais surtout les petites routes, sinon je ralentissais le trafic, y'avait toujours des dizaines de bagnoles derrière moi et comme les gens sont pressés, ils insultent à tour de bras et je n'aime pas les impolitesses. Je me suis arrêté à la belle étoile et nous avons causé tous les trois, avec Francine, même si c'est pas facile de parler avec les morts et les poissons.

— Bon, t'es un poisson et qu'est-ce que tu penses de tout ça ? Hein, Francine, qu'est-ce qu'il peut penser de tout ça ?

Je lui ai montré le monde qui nous entoure. Il m'a regardé avec ses yeux de bête, sans pouvoir faire autrement ; bien sûr, il est resté muet comme une carpe. Il devait être intimidé de parler à un inconnu. Les poiscailles y z'ont leur monde et nous le nôtre, ce sont deux choses différentes, alors forcément on ne peut pas se comprendre. C'est encore pire quand on les enferme dans un bocal, parce que là, il y a de la glace entre nous, ça gèle les rapports et si le verre pète, on peut prendre des tessons en plein cœur. Eux, ils ne se posent pas de questions sur leur vie, ils la vivent un point c'est tout, nous, c'est un peu plus compliqué, on est toujours à se demander le pourquoi du comment et comme on n'a pas de réponse, on passe son temps dans le doute. *Gast* ! Eux ne sont pas malheureux, ils ne connaissent pas la jalousie ni l'envie de l'aquarium des autres, ils suivent ce que leur dit la nature, et c'est bien comme ça.

Du coup, je suis revenu sur mes pas pour aller faire un tour à Concarneau, parce qu'on ne peut pas passer à côté. J'ai laissé mon tracteur au loin et je me suis promené dans la citadelle. On y était allés avec Francine, quand on était des jeunes amoureux. Elle m'avait dit :

— Je veux voir une ville fortifiée, mais pas Saint-Malo, car j'y ai de mauvais souvenirs.

Je l'ai donc ramenée dans son cadre pour voir si les lieux avaient changé. Et on s'est promenés dans la Ville Close illuminée, c'est là que je me suis dit que c'est mieux à deux pour regarder les paysages, sinon, on ne voit que la moitié des choses. Avec Francine, je voyais le bastringue en entier et tout ça était d'une beauté ! J'ai croisé des regards de gens que je ne connaissais pas. Des fois, il suffit d'un seul dans la rue et tu ne sais pas pourquoi, tu te retrouves le cul par terre, tellement c'est beau.

Après, on a longé la mer en la regardant, car tu ne peux enlever tes yeux d'elle.

— Si j'avais le pied marin, je t'emmènerais en voyage…

J'ai fini par lui dire ça, car j'ai jamais pu la mener en bateau. À l'époque, je l'avais portée sur mon dos, car elle était légère comme un cent de clous ; ces derniers temps, elle s'était empâtée et était devenue lourde comme un vieux mariage, mais c'est normal avec le poids des ans.

À l'époque aussi, on avait fait l'amour dans un hôtel auprès du port où ils pêchent encore, mais presque plus. C'était un couple d'anciens qui tenaient cet hôtel pourri. On s'était pris dans toutes sortes d'endroits bizarres qu'on ne peut pas imaginer : dans les chiottes, sur la terrasse, sous la douche… On était comme deux bêtes enragées, mais on ne criait qu'à l'intérieur, pour ne pas déranger les voisins. Ça m'a fait tout drôle de revoir cet hôtel qu'on avait ravalé et les tauliers aussi, car maintenant, c'était un couple tout jeune, dans la fleur de leur âge.

XII

Nathalie Marty, une journaliste free-lance, avait écrit un article sur l'assassinat de Vannes, repris en partie par *Ouest-France* et *Le Télégramme*. En voici un extrait :

« *Les Vannetais sont atterrés par le meurtre de Ludovic Méchin, un diacre respecté par tous, qui consacrait une partie de sa vie aux activités religieuses, donc aux autres. Il entraînait également une équipe de jeunes basketteuses et celles-ci n'avaient qu'à se louer de son enthousiasme et de son dévouement.*

Des sources proches de l'enquête assurent que la police est sur plusieurs pistes et que cette affaire devrait trouver très vite son dénouement. Le diocèse, par la bouche de monseigneur Delaunay, assure que l'Église morbihanaise est touchée au cœur et, à travers elle, celle de France dans son ensemble.

Toute personne susceptible de détenir des éléments intéressant les enquêteurs, est priée de contacter le service du commandant Johnny Rosko qui dirige l'enquête. Ce dernier affirme que tout sera mis en œuvre pour découvrir rapidement le ou les coupables. »

XIII

C'est à dix kilomètres de Pont-L'Abbé, à l'entrée du Pays Bigouden, qu'il nous a lâché, Bienvenu, le Massey. Il a crachouillé des poumons et il a jeté de la fumée partout, qu'on aurait dit un ciel bardé de cumulus, sauf qu'en plus, ça puait d'infection le gas-oil qu'il devait rejeter, car il en avait gros sur la patate. Je ne voyais même plus si j'étais sur la route ou au fossé, c'était pire que dans la mélasse du brouillard. Je me suis demandé ce qu'il nous faisait comme maladie. Mais je ne suis pas docteur, ni mécano, alors je n'ai rien pu pour lui. J'étais bête comme un chou, avec lui qui ne voulait pas avancer, telle une bourrique bretonne. J'ai vu le coup que j'aurais été obligé de prendre Francine sous le bras et de la ramener à la maison, sans qu'elle ait vu ni le Bon Dieu ni ses saints. Et ça, c'était pire que mieux, car chose promise chose due, je suis comme ça : la parole donnée ne doit pas être reprise et les mots en l'air doivent retomber sur leurs pieds par terre. J'ai essayé une sorte de prière que je n'ai pas apprise au caté.

On croit que ça ne sert à rien de prier, on fait ça machinalement, au cas où quelqu'un nous entendrait, et c'est alors que la Providence – ou quelque chose qui nous aide, pourquoi pas la truite ? – est venue à mon secours. Un jeune couple est passé à ce moment-là sur la petite route où j'étais en panne, alors que je n'avais vu personne depuis bien longtemps. J'ai fait des grands signes, du tracteur-stop, et malgré le drôle d'équipage avec qui j'étais, les deux tourtereaux se sont arrêtés. Ils ont appelé un garagiste sur leur téléphone portable et lui a appelé un dépanneur d'engins agricoles qui deviennent des espèces en voie de disparition. Et le tour était joué ! Mais je n'étais pas sorti de l'auberge où j'étais entré, avec des odeurs de cramé dans la cuisine.

XIV

Julien Destrac, le bras droit de Rosko, dans la fougue de ses 25 ans, appartenait au mouvement des nouveaux dandys. On le remarquait à ses vêtements et à ses attitudes. Il portait un chapeau – dans sa vie privée – et un nœud papillon, s'effaçait devant les femmes et prévenait leurs moindres désirs. Son boss le trouvait efféminé, mais du moment que ça n'entravait pas son travail…

Il arriva dans le bureau de son chef de service, tout essoufflé sous le coup de l'émotion. Il n'en revenait pas encore !

— Ben, accouche, c'est quoi cette histoire, j'ai rien compris à ce que tu racontais au téléphone,

Rosko n'était pas de très bonne humeur, il avait passé une mauvaise nuit.

— C'est pas étonnant, moi-même… J'étais sur l'enquête de proximité, les voisins n'appréciaient pas trop le bonhomme, car il était différent, c'est souvent le cas, non ?

— Garde ta philosophie de comptoir dans ta pocket et rancarde-moi sur ce que t'as appris.

— Le Ludovic Machin euh… Méchin, passait totalement inaperçu, il était diacre à Saint-Patern, tu sais ce que c'est ?

Il vit au regard courroucé que lui jeta Rosko qu'il

ne fallait pas insister dans le genre "je t'explique les mots du dictionnaire".

— Ses collègues fonctionnaires aux impôts m'ont indiqué qu'il était très souvent absent, il aurait eu des délégations syndicales.

— Il aurait eu ?

— En fait, il s'absentait pour une tout autre raison. C'est son responsable qui me l'a appris, il était le seul de la confidence et aurait eu de graves ennuis à briser les menées secrètes de son subordonné : c'était un espion de la DST.

— DCRI, Direction Centrale du Renseignement Intérieur, trancha Rosko, la DST a fusionné avec les Renseignements Généraux. Ils ont récupéré la lutte antiterroriste, la lutte contre la prolifération des matériels sensibles et pour la protection du patrimoine économique et scientifique.

Julien Destrac savait tout cela, même s'il préférait l'ancienne dénomination, mais il n'interrompit pas son supérieur qui, parfois, aimait étaler sa science.

Rosko savait que la Direction du Territoire utilisait des gens dits "normaux", n'éveillant pas les soupçons, pour qu'ils passent inaperçus et recueillent des informations que des professionnels auraient eu du mal à capter. L'identité des personnels et la nature des opérations auxquelles ils participent relèvent du secret défense.

Destrac poursuivit :

— J'ai un ancien copain de promo qui bosse dans leurs services, à Rennes, et il m'a refilé le pedigree du quidam. Lui-même en venait et avait demandé sa mutation à Vannes, fuyant la capitale bretonne à cause d'une histoire avec une de ses collègues, qui s'était mal terminée.

Il tendit une chemise à Rosko qui se félicita d'accorder une telle confiance à son équipier. Il constata en effet que Ludovic Méchin, à la vie tranquille et rangée, était un espion et que sa mort pouvait avoir une relation avec cette activité. Il prit rendez-vous avec Charles Monselet, le responsable du service des Renseignements Intérieurs rennais.

En attendant, il avait appelé André Bravent, l'amant de la veuve du diacre assassiné. Il lui avait donné rendez-vous au café Marie Lefranc, son QG hors les murs officiels. Devant les atermoiements de l'interlocuteur, il lui avait vite fait comprendre qu'il pouvait débarquer dans son magasin de porcelaine et tout y casser avec ses pattes d'éléphant : l'homme tenait un tabac-loto-presse.

— Vous ne pensez pas que votre femme émettra des cris d'orfraie si je débarque dans votre commerce ? Vous n'y tenez pas tellement, n'est-ce pas ? Me suis-je bien fait comprendre ? Si vous préférez, je peux envoyer deux flics en uniforme qui vont vous menotter et vous conduire au poste…

André Bravent se fit à ces raisons et ce fut un petit bonhomme chauve qui s'installa en face de lui. Rosko s'était levé en claudiquant et l'avait invité à s'asseoir. Il avait commandé son éternelle bière sans alcool, l'autre un café. La conversation téléphonique avait mis le témoin mal à l'aise. Le commandant le laissa volontairement poireauter avant d'aborder le sujet qui l'intéressait :

— Madeleine Méchin m'a parlé de votre... de vos... dit-il en rejoignant ses deux index.

Le petit homme chauve mesurait les implications provoquées par son intérêt pour la veuve, d'autant plus avec les derniers événements qu'il avait lus dans la presse – il était bien placé pour en avoir la primeur.

— Ça vous donne un mobile monsieur Bravent.

— Vous ne croyez tout de même pas...

— Dame ! Moi, je ne crois rien, j'engrange les informations, c'est tout. Je remarque simplement qu'il y a eu élimination d'un homme encombrant.

— Il ne l'était pas du tout, à courir par monts et par vaux et, quand il se trouvait sur Vannes, il servait à la messe.

— On en a vu d'autres... Qu'est-ce qui vous a attiré chez cette femme ?

— Son tempérament, la mienne n'en a pas, on ne sait jamais à quoi s'en tenir.

— Elle vous est pourtant utile, ne vous aide-t-elle pas au magasin ?

— Les couples s'usent.

Rosko fut conforté dans son état de célibataire. C'était une des raisons pour lesquelles il ne s'était pas amarré à quelque ponton étoilé. Et puis femme veut enfant, il ne se sentait pas de taille à éduquer, ne l'ayant pas été lui-même ou si peu.

— Où étiez-vous le 6 juin entre 17 heures et minuit ?

— Dans mon magasin, naturellement ! Vous croyez pas que les ventes se font toutes seules !

— Ne faites pas le malin… Je suppose que votre femme va corroborer…

Il lui posa encore un tas de questions, l'autre resta sur ses positions. Il ne le voyait pas du tout commettre un crime, mais il s'était trompé bien souvent et, depuis, il restait humble. Surtout avec ceux qui paraissaient les plus anodins.

André Bravent posa la question qui le taraudait depuis le début :

— Est-ce que vous pourriez rester discrets ?

— Nous verrons selon les besoins de l'enquête. Vous allez passer dans mon service signer votre déposition, on prendra vos empreintes et votre ADN. Vous n'y voyez pas d'inconvénients ?

Il n'en voyait pas.

XV

Louison, le dépanneur était de Pouldreuzic, en plein Pays Bigouden, alors il m'a parlé du pâté Hénaff ; pour faire connaissance, y'a pas mieux que le pâté ! Ceux qui disent que c'est pas du vrai de vrai, ça se voit qu'ils l'ont pas goûté, nous, on en mange à toutes les sauces. Francine l'accompagnait avec un tas de légumes : artichaut, pommes de terre, même en salade avec des tomates, tu découpes en petits dés... Il parlait bien de son "pays" qui n'est pas comme les autres, avec les vieilles et leurs coiffes et puis la *Mamm Goz :* leur mémé explosive ; ça a bien changé depuis *Bécassine,* Annaïk Labornez dite encore, même si on descend tous d'elle. Il a fini par raconter la Pointe du Raz qui a des trésors de bienfaits, comme la chicorée Leroux, qui n'est pas de chez nous mais que ma grand-mère mettait dans le café pour me faire de si bonnes *chulattes :* du pain trempé dans du café au lait-chicorée et qui mijotait des heures au coin de la cheminée, avec un goût de noisette que je n'ai jamais retrouvé, même du vivant de Francine.

— J'ai un deuxième garage à Penmarch, ça vous permettra de visiter la ville...

Il a hissé le tracteur et la remorque sur la dépanneuse et ça nous a fait un équipage du tonnerre, bizarre tout de même.

Je suis monté auprès de lui dans la cabine et on a discuté d'autres choses. Je lui ai dit pourquoi je faisais ce voyage et je lui ai montré Francine dans son cadre et il a dû avoir pitié. Il a dit :

— Votre… est vieux, je n'entendais pas tout avec les bruits de dépanneuse, je ne crois pas que vous pourrez aller jusqu'au bout.

— Ah, c'est très ennuyeux ça, pour ma promesse.

À force de nous parler, moi de tout ça et lui d'essayer de comprendre, il m'a raconté sa vie. Une vie de mécanicien, ça existe aussi, faut pas croire.

— J'approche moi aussi de la retraite et j'en ai marre de faire ce boulot. Je vais tout bazarder. Je voudrais montrer à ma femme d'autres pays du monde pour mieux préférer le mien encore, quand on reviendra. J'ai construit un petit bateau.

Il voyageait déjà dans ses yeux. Il m'a parlé de la route qui, ici, menait toujours à la mer et on voyait qu'il était déjà parti et que sa profession, c'était l'aventure. Il a fini par me dire :

— J'ai une dépanneuse toute neuve, celle-là, la vieille, je peux te la prêter si tu veux…

Il m'avait tutoyé en pote. On aurait presque pu voir son cœur battre sur sa main. Il s'en foutait qu'on s'essuie les pieds dessus.

— Comme ça, tu pourras faire plaisir à… comment déjà ? Et puis quand on a commencé quelque chose, il faut le finir, sinon on passe sa vie à regretter de ne pas être allé jusqu'au bout.

Je l'aurais embrassé sur les deux joues, car il trouvait ça tout naturel comme deux et deux font quatre. J'ai dit que c'était trop, je ne pourrais pas rembourser, et il a failli s'arrêter et me filer une beigne avec ses paluches aux doigts noirs, alors ce n'était pas le moment de refuser, ça l'aurait vexé.

— Tu continues ton voyage ! Quand le tracteur sera là-dessus, il pourra se reposer et repartir de plus belle, tu lui dégourdiras les jambes de temps en temps, ça permettra aussi à la dépanneuse de souffler.

À Penmarch, il a gardé Bienvenu toute la journée et l'a regardé sous toutes ses coutures, il a fait un tas de réglages, il l'a requinqué en huile, si bien que le soir, il flambait presque neuf, je ne le reconnaissais plus, tellement il ronronnait au tour de clé. Mais à son avis de professionnel, il fallait le ménager tout de même.

Pendant ce temps de réparation, j'ai promené Francine dans les rues de la ville en sifflant, car j'avais le cœur gai. À un moment, je m'y serais cru.

— Tu vois, Francine, grâce à Loulou, on peut continuer le *Tro Breizh*.

Elle m'a semblé très contente dans son cadre de verre, elle avait comme un sourire de la Joconde qui courait sur ses lèvres.

XVI

Rosko rédigea son rapport d'enquête à Monsieur le directeur régional de la PJ de Rennes, sous couvert de la voie hiérarchique.

« *Objet : homicide.*

Victime : Ludovic Méchin, fonctionnaire aux impôts et diacre à Vannes.

Référence : commission rogatoire.

Pièces jointes : 1 à 137 (rapports de PV, compte rendu 1re intervention).

Copies conformes : 30 scellés, 1 album photos.

Le commissariat de Vannes a été appelé à intervenir, nous, les OPJ, les pompiers et le docteur Alfred Ducroq qui a ensuite laissé sa place au médecin légiste.

Nous avons fait procéder par l'IJ aux relevés d'empreintes et à la saisie d'objets sur la scène du crime, annexés au présent (scellés de 8 à 19).

Le corps est allongé face contre terre, il s'agit d'un homme d'environ 1 mètre 75, de corpulence moyenne, vêtu d'une veste en cuir. La rigidité cadavérique est installée. Localisation des hématomes : quart supérieur gauche (région du cœur) par arme contondante. »

Dehors, il pleuvait, la jambe de Rosko lui faisait mal. Tous ces passages obligés administratifs, ça l'emmerdait. Profondément. C'était une mauvaise journée… Ce matin déjà, alors qu'il émergeait à peine, il était allé voir ses bourdons. Une centaine d'entre eux gisaient sur le sol, morts. Il pesta contre les pesticides et toutes les substances déversées dans la nature sans en mesurer les dangers. Tous les produits qu'on utilise sans s'assurer de leur innocuité. De là, il dériva vers les médicaments pour lesquels on ne mesure pas les effets secondaires. « Le monde est devenu à chier ! » Chacun travaille dans son coin pour son propre profit, sans se soucier des autres. L'égoïsme gouverne désormais et pas de retour en arrière possible. Voilà où le menait la rédaction des rapports.

XVII

Pour fêter la résurrection de Bienvenu, je suis allé le soir à un fest-noz. Justement, la musique bretonne réveillerait un mort, ça donne des fourmis dans les pieds et dans les guiboles et, même si on n'a pas envie, on danse malgré soi. La bombarde et le biniou, c'est si fort qu'on est obligé d'écouter, ça nous emmène dans les forêts des légendes, autour des dolmens, des menhirs, dans des cromlechs, des cairns ou des tumulus et tous les trucs celtes, ça nous fait traverser la mer et on peut arriver en Cornouailles ou au Pays de Galles où ils ont les mêmes ancêtres. Même dans les concerts à Paris, les Parigots ont les poils qui se hérissent.

Aussitôt, c'était la ridée sur une chanson de Nolwenn Leroy et je me suis mis à trotter vers la ronde et à prendre les gens par le petit doigt. C'est la seule danse au monde où ça te fait du mal au doigt et du bien au cœur, c'est bien simple, *gast* oui ! On était une bonne cinquantaine à tourner en rond et à sauter comme des cabris. Et là, j'ai vu, vous ne me croirez pas, une jeunette de la cinquantaine qui se trémoussait dans le sens et le contraire, qui avait l'air de bien s'amuser et qui me regardait avec des clins d'œil souriants. Je ne suis pas indifférent aux féminités.

C'est avec ça dans la tête, que je me suis aperçu que j'avais oublié Francine à la buvette. Je me suis dit : « De toute façon, elle ne va pas s'envoler et puis ça ne lui plairait pas énorme que j'aille frétiller de trop près vers quelqu'un d'autre. » Francine avait des principes. J'ai espéré que les morts ne viennent pas nous regarder quand on a le dos tourné. De toute façon, elle m'interdisait tout le meilleur, à cause des vices qu'on a dans la peau, les femmes et les hommes n'ont pas la même façon de voir les choses. Elle venait souvent me chercher à la buvette le dimanche, après la traite des vaches, elle allait à la messe et moi au match de foot avec Yvon, mon meilleur pote, vu qu'il habite à côté de chez moi et qu'il n'y en a pas de meilleur. On boit un verre de blanc, de rosé ou de rouge suivant nos circonstances, des fois, on fait même des mélanges, selon qui vient se joindre à nous.

Donc, Francine était loin de là et on en a profité avec la femme qui s'appelait Françoise, presque sa voisine de prénom, pour se faire un pas de deux. Ça faisait tellement longtemps que coquette n'était pas sortie de son bocal, de sorte qu'elle s'est levée toute seule, sans que je lui ai rien demandé. Elle est même devenue raide comme une trique, *gast* ! à m'en faire mal aux couilles. Françoise a dû voir que j'étais bien troublé, parce qu'à la fin du morceau, elle m'a invité à venir faire un tour chez elle. Je lui ai dit :

— Attends, il faut que je récupère quelqu'un et je suis allé chercher la photo de Francine à la buvette, bien sûr, je l'ai mise à l'envers, au cas où elle voye des choses qu'elle n'aurait pas dû.

Françoise habitait une longère avec plusieurs apprentis à côté, des indépendances quoi, et puis un jardin potager devant. Son mari est routier et il ne rentre qu'à la fin de semaine, c'était comme si c'était fait exprès pour. Je lui ai demandé un endroit tranquille où poser Francine et elle me l'a mise dans le couloir, sur le meuble où elle jette ses clefs quand elle rentre. Comme ça, on serait tranquilles. Elle m'a servi un verre de calva et ça m'a tout retourné.

On ne peut pas tout raconter, mais on peut donner des détails pour qu'on se rende compte. La chambre avait une tapisserie à fleurs et une poupée sur le couvre-lit, qu'elle a enlevée avec mille précautions. Après, elle s'est mise toute nue et ça m'a fait tout de suite de l'effet. Là, il n'est plus question de parler ou de compter les moutons de la mer, il faut comme on dit faire l'affaire. Françoise n'attendait que ça. Je suis donc grimpé dessus et je l'ai embrassée un peu partout où je pouvais. Mais ce qui l'intéressait surtout, c'était mon instrument qui joue de la musique différente qu'au fest-noz. Et je dois dire, c'est comme le vélo, ça revient tout de suite. J'ai fait comme d'habitude avec Francine, à se retenir et à essayer de deviner le moment où elle allait venir, car une femme ça arrive du diable-vauvert sans crier gare. C'est la différence entre la mécanique et la cérébralité. J'ai donc été obligé de penser à autre chose, au voyage et tout, sinon, moi, ça y était tout de suite. Quand elle a été prête, j'ai accéléré, mais crotte ! Je n'étais plus prêt, elle a joui tout ce qu'elle savait en disant des cris comme une bête et je n'ai pas pu la rattraper. Vous pensez bien que j'ai essayé de récupérer le retard, mais elle était déjà partie, elle m'a fait descendre d'elle et elle s'est rhabillée. Je n'ai pas osé lui demander de me finir à la main comme les vaches et j'ai dû récupérer Francine, retourner dans la remorque et terminer le travail tout seul comme un grand. Ce n'est pas une affaire qui marche à tous les coups, mais quand on n'a personne sous la main…

XVIII

Y'avait eu du nouveau avec ce sacré Jeannot, Géraldine Buisson ne l'aurait pas cru aussi culotté, voire déluré.

D'abord, l'épisode du car où il s'en était tiré avec les honneurs. « Ces sacrés gamins tout de même, ça n'incite pas à en avoir, pourtant Mirta… » Mirta est une vraie mère poule et assure que les couples d'homos peuvent se marier et avoir des enfants, elle milite. Interrogé, le chauffeur ne lui a rien appris, à part qu'il l'a tiré d'un mauvais pas et qu'il n'avait certainement pas un mauvais fond.

Le couple non plus, qui avait appelé la dépanneuse sur un portable. Ils avaient été seulement étonnés qu'il en ait un de portable, mais qu'il n'ait pas voulu l'utiliser – peut-être était-il déchargé ?

Et puis, le fin du fin, il avait couché avec une certaine Françoise Ledu, cinquantenaire n'ayant pas froid aux yeux ni au reste, suite à ce fest-noz où elle levait tous les mâles qui passaient à sa portée. La campagne, les bondieuseries, les bretonneries en plus, ça l'ennuyait à un point… Géraldine Buisson !

« Les gens n'ont rien d'autre à faire que de perdre leur temps dans les chemins creux à regarder les arbres et à écouter bêtement les petits zoziaux jusqu'à ce qu'ils leur chient dessus. En prière dans les églises où l'on ragote sur ses voisins, et puis tous les produits qu'ils nous refilent à la mode de Bretagne… Bientôt, ils vont demander leur indépendance comme les Corses ou les Catalans ! »

En tout cas, elle se trouvait désœuvrée à Penmarch et elle pataugeait dans des idées noires. Elle se demandait si elle n'aurait pas dû refuser cette affaire qui semblait, pour l'instant, ne la mener nulle part et ne pas lui apporter toute la satisfaction voulue.

XIX

En arrivant à Pont-l'Abbé, la capitale du Pays Bigouden, je me suis garé au bout de l'estuaire et je me suis baladé sur le chemin de halage, avec des sapins qui cachent la mer.

De retour, je suis passé devant le Musée Bigouden caché dans un château, j'ai fait un tour aux halles qui sont très anciennes, comme celles de Questembert que je connais. Dehors, il y avait une bande de jeunes avec une meute de clébards, assis sur le sol, qui faisaient la quête. Plusieurs choses à dire : déjà, c'est pas en restant le cul par terre qu'on gagne sa croûte ; « C'est pas en touchant le RMI et en restant dedans qu'on a un vrai salaire », c'est ce que dit Yvon qui a maintenant le RSA, mais ce n'est pas de sa faute, parce qu'il bégaie et que les patrons n'ont pas la patience. Et puis toutes ces bouches de chiens à nourrir… J'ai donné vingt euros à un des gars pour la bonne conscience, mais je n'étais pas d'accord avec leur façon de traîner dans les rues. Francine ne raquait jamais pour les catastrophes ou les pauvres, elle disait : « C'est à l'État de les prendre en charge, avec nos impôts, on paye assez comme ça ! » Moi, comme j'ai dit, je suis plutôt de gauche,

je serais pour qu'on sauve tous les miséreux et surtout pour qu'on enlève toute la misère du monde.
Mais il ne faut pas compter sur les hommes politiques.

Les jeunes assis m'ont remercié avec leurs chiens
et je suis sûr qu'ils sont partis boire un coup avec ou
qu'ils sont allés acheter de la drogue, mais les gens
font ce qu'ils veulent de leur argent. Heureusement,
je n'avais pas amené Camembert, car il se serait
bagarré et ça aurait fait mauvais effet.

*

*   *

À l'arrivée à Quimper, on voit d'abord la faïence
HB Henriot – nous, on a quatre bols gravés à nos
prénoms et ceux des enfants – là, mon cœur a bondi
dans ma poitrine, comme s'il allait dévaler l'escalier,
parce que c'était la première de nos étapes et ça
compte dans une vie, les premières. Y'avait la
dépanneuse, avec mon Bienvenu dessus, la remorque
derrière, Francine dans son cadre, Camembert dans
la remorque et moi à conduire. Je nous ai arrêtés sur
un parking pour ne pas faire désordre dans la ville.
C'est très beau les trente-six ponts fleuris posés sur
l'Odet, j'ai enfilé celui de Sainte-Catherine, le premier venu, il nous a amenés de l'autre côté, tout près
de la cathédrale Saint-Corentin.

Là, dites donc, j'aurais pu mourir d'être impressionné ! J'en ai parlé à Francine qui n'a pas eu l'air

plus que ça, mais elle cache plein de choses, elle disait que c'est à cause de son père qu'elle n'a pas assez connu. J'avais l'impression d'un truc énorme, j'avais lu que c'est la plus haute cathédrale de Bretagne avec deux flèches qui montent au ciel, à quatre-vingts mètres ! Nous marchions sur une place pavée et nous nous sentions tout petits. Et toc, un Christ qui donnait la bénédiction à tous les visiteurs, on ne pouvait pas y échapper.

J'ai passé un portail avec deux portes et des arcs sculptés. À l'intérieur, j'en suis resté baba, secoué comme pas deux, je n'osais même pas avancer, tellement c'était haut et il faut dire… un peu froid et sombre, je n'ai jamais compris pourquoi les gens ne vont pas prier dehors. J'ai serré Francine sous le bras pour avoir plus chaud, mais sans la casser. Je lui ai montré une chapelle qui s'appelle Notre-Dame de Lourdes, très belle avec la dame dedans en statue et des vitraux partout où le soleil jouait à faire passer ses rayons, et celle des trois gouttes de sang. Il y avait aussi une estrade grillagée, au milieu des gisants.

Une fois arrivé devant la chapelle du saint, le reliquaire était sur l'autel, j'ai dit tout bas pour pas causer tort au silence des autres :

— Tu vois, Francine, on y est, tu l'as ton premier saint. Quel effet ça te fait ? Maintenant tu vas pouvoir avancer là-haut d'au moins une année.

Après, je lui ai lu la vie de saint Corentin, j'ai tout noté :

« *Il est né en Cornouaille et a été ermite à Plomodiern et il faisait des miracles.* »

Nom de Dieu ! Je n'ai pas pu m'empêcher de jurer dans le lieu saint, je crois que personne n'a entendu, c'était à cause de ce que j'ai lu après :

« *Près de son ermitage, y'avait un poisson miraculeux, il lui coupait la tête tous les jours et pas con le poiscaille, tous les jours, un morceau repoussait. Il a pu nourrir le roi Gradlon que j'ai vu en statue sur un cheval, et sa cour, car un jour, ils étaient arrivés complètement affamés. C'est pour ça qu'il l'a fait devenir évêque de Quimper, par retour de bâton et qu'il lui a construit un palais pour cathédrale.* »

Je n'en revenais pas qu'il avait lui aussi trouvé un poisson miraculeux, comme le mien qui m'avait sauvé la vie. « Tu sais, Francine, la truite qui m'a évité la mort sûre… »

Mais je n'ai pas insisté avec ça, car je ne crois pas à toutes ces sornettes, je me suis dit que c'était une coïncidence. J'ai donc amené Francine faire un tour dans la vieille ville pour profiter qu'on était là et on a récupéré tout le barda sur le parking, car il y avait encore du chemin à faire, dame *gast* oui !

XX

Rosko avait rencontré Charles Monselet et il revenait de Rennes avec des renseignements de première main…

Le patron de la DCRI du grand Ouest était un géant qui avait du mal à se garer derrière son bureau. Il avait accueilli le commandant Rosko avec bienveillance, suite aux recommandations de Julien Destrac. Ce dernier n'avait laissé que des bons souvenirs.

— Je n'ai eu qu'à me louer de ses services.

— Moi aussi, fit Rosko qui trouvait le bonhomme sympathique.

— Je me suis rancardé sur ton affaire. Pas jolie jolie. Ludovic Méchin était l'un des nôtres, on lui confiait des petites missions. Il était très introduit dans le milieu syndical et il nous fournissait un tas de renseignements là-dessus.

Charles Monselet était animé d'un tic, il touchait constamment le col de sa chemise.

— Il était sur une affaire délicate juste avant de mourir… LRO.

— …

— Ligue Révolutionnaire Ouvrière. Nous avons toutes les raisons de penser qu'il s'agit d'une secte. Ludovic avait réussi à infiltrer le réseau et il s'était rapproché de son gourou : Klébert Lambert.

— Tu peux m'en dire plus ?

— Je t'ai tout consigné dans ce dossier, il lui tendit une chemise épaisse que Rosko happa presque. Le commandant était obnubilé par le tic de son collègue, il agit de même, l'autre s'arrêta mais se mit à tirer sur ses manches.

Ils déjeunèrent ensuite à "La Lupa", une pizzeria réputée dans le vieux Rennes et ils parlèrent boutique pendant tout le repas. Rosko affirma qu'il lui avait fourni une piste intéressante mais qu'il n'allait pas pour autant écarter les autres. De son côté, le Rennais mènerait des investigations complémentaires. De plus, il devait s'occuper du remplacement de Julien Destrac, il était déjà parti depuis six mois et la hiérarchie n'était pas pressée de compléter les effectifs…

*

*   *

Ce fut sur le chemin du retour que Julien Destrac l'appela sur son portable. Il se gara sur une aire de repos. Un nouvel homicide avait été commis à Quimper, dans les mêmes circonstances que celui de Vannes.

Même genre de lieu, même mode opératoire, un assassinat dans la cathédrale. Et cette fois, l'auteur a laissé l'arme du crime… dans le bide du mort. Je te tiens au courant.

À peine revenu de son périple rennais, Eugène Lerabeau, le divisionnaire, le convoqua dans son bureau.

— Vous en concluez quoi, Rosko ?

— J'en conclus qu'il pourrait s'agir du même criminel qui a frappé deux fois.

— Exact ! Mais comme vous n'avez pas résolu la première affaire, vous êtes en retard sur la seconde, n'est-ce pas ? Et puis arrêtez de faire les cent pas, vous me donnez le tournis !

En vérité, sa jambe lui faisait mal et il voulait la dégourdir un peu.

— Vous mettez toute votre équipe sur le nouveau meurtre. J'ai prévenu la gendarmerie de Quimper que vous prenez le relais.

— Merci de vos conseils, je n'y aurais pas pensé moi-même.

L'autre le fusilla des deux regards, rengaina sa vision stroboscopique et préféra lui demander de sortir avant l'irréparable.

Le major Blanchet, un des membres de l'équipe, attendait Rosko devant la machine à café rétive.

— Bidaut m'a appelé en demandant que tu rappliques au plus vite, ils sont dans tous leurs états là-bas, c'est l'effervescence…

Le café, comme d'hab', était une insulte aux bonnes mœurs, tenant plus du marteau-piqueur que du percolateur, mais au moins, il vous gardait éveillé. Il avait tendance à somnoler après sa virée nocturne à Rennes où il était arrivé la veille pour rendre visite à un ancien collègue de Vannes et où le nommé Monselet Charles avait ses entrées dans les bas-fonds des contes des Mille et une nuits. Ils avaient fini au petit matin sur les rotules, mais il ne regrettait rien.

— Alors, que s'est-il passé exactement à Quimper ?

— Tu verras par toi-même, Julien t'y attend…

*

*   *

Le "bleu" était déjà sur les lieux, il loua sa rapidité de réaction. Il lui rappelait la fougue de sa jeunesse, il était ses bras et ses jambes. Heureusement, il conservait toujours le cerveau.

Les collègues de Quimper, commandés par un adjudant-chef, l'attendaient et l'entraînèrent tout droit à la cathédrale. C'étaient tous des Techniciens en Identification Criminelle du groupement de gendarmerie de Quimper. Ils étaient vêtus d'une blouse blanche, portaient un masque et des gants.

Stéphane Haas, un touriste alsacien, avait été tué par ce qui apparaissait comme une dent de herse, en plein cœur, alors qu'il se trouvait dans le confessionnal. Y était-il allé volontairement ou son assassin l'y avait-il entraîné ?

Julien Destrac leur avait donné les détails sur l'affaire de Vannes. On ne pouvait manquer, comme avait prévenu le boss, de faire le rapprochement.

— Vous avez enquêté sur le mort ?

— C'était un gars qui voyageait avec sa femme, elle est effondrée, on n'a pu lui tirer que quelques mots, ils fêtaient leurs trente ans de mariage.

— Je vois… je vois… fit Rosko qui trouvait navrant de fêter un anniversaire de cette façon. Il mesura mentalement les années qui lui manquaient pour en arriver là, mais il fallait d'abord trouver "la" femme…

— Leur véhicule ?

— Une Toyota Verso, les gars de l'Identification sont dessus. Il remarqua en effet plusieurs professionnels qui s'affairaient autour de la voiture, à la recherche du moindre indice. D'autres s'agitaient sur la scène de crime balisée de bandes jaunes.

Rosko demanda à Destrac de rappeler Charles Monselet pour savoir si le mort faisait également partie d'un de leurs services.

— Mets-toi aussi en rapport avec l'Alsace.

Cette histoire d'espionnage pouvait coller : un mec de l'Est venant à l'Ouest pour glaner des renseignements. Il divaguait parfois pour que des hypothèses farfelues en entraînent de plus futées par suite logique ou association de pensées.

Julien Destrac regarda les photos car le cadavre était déjà parti à Brest pour l'autopsie, et siffla d'admiration :

— Il faut vachement bien viser !

Ce qui lui valut l'étonnement de ses pairs mais pas celui de son mentor qui considéra la remarque avec grand intérêt.

XXI

Géraldine Buisson n'était pas au bout de ses surprises. Au début de cette histoire, elle s'attendait à suivre tranquillement un retraité de l'agriculture qu'on soupçonnait vaguement d'avoir tué sa femme. Un père tranquille qui voulait faire un cadeau à sa défunte bigote, en la promenant en Bretagne pour le *Tro Breizh*, un tour antique que certains remettent au goût du jour.

Elle s'était promenée sous la voûte de la cathédrale de Quimper en simple curieuse, elle n'était ni croyante ni pratiquante. Le monument l'avait impressionnée avec ses chapelles et ses vitraux, mais pas plus que ça. Elle surveillait d'un œil la progression du retraité qui marmonnait à sa femme, lorsqu'elle l'avait perdu de vue dans la foule. Badauds, curieux et religieux allaient et venaient, chacun avec des préoccupations différentes. Elle pensa à Mirta qui aurait bien aimé l'accompagner… lorsque se produisit un vacarme du diable. Un cinquantenaire endimanché venait de voir une flaque de sang qui progressait sous le rideau d'un confessionnal. Il ameuta ses voisins, perdant toute mesure et criant ostensiblement dans le lieu saint. Arriva un père qui le sermonna vertement. Mais celui-ci se tut dès qu'il aperçut la même chose que l'infortuné spectateur. Le père alerta ceux qui semblaient être ses supérieurs et bientôt, un attroupement se fit autour du confessionnal.

Géraldine Buisson se transforma en défenderesse de l'ordre, elle écarta les badauds en les faisant se tenir à une distance raisonnable.

Et elle souleva le voile.

« Derrière le rideau… » Des phrases lui revinrent de son enfance où elle avait satisfait aux lois du catéchisme, élevée par des parents rigides qui destinaient leur fille au couvent. Elle en frissonna de partout. Le rideau du Temple se déchira et…

La vision du corps posé sur la planchette de l'isoloir la ramena à la réalité.

Elle assista de loin à l'apparition des flics qui redressèrent le corps : une tache de sang avait fleuri sur sa poitrine. Elle sortit très vite, car Jean Landrezac se carapatait en regardant furtivement à droite et à gauche.

XXII

Je n'avais encore jamais assisté à un tel événement en direct. J'étais en train d'expliquer des choses à Francine, quand il y eut un grand cri. C'est quand les flics arrivèrent qu'on découvrit que le mec avait été zigouillé. Je déguerpis le plus vite possible. « Encore un qui ne passera pas l'hiver », que je pensais en partant pour Landrévarzec, car il fallait que ça continue. Pour certains, mourir dans une cathédrale, ça rapproche de Dieu…

Il fallait maintenant remonter et traverser du sud au nord, après l'avoir fait d'est en ouest. Je quittais la mer pour un peu, mais ici, ça ne dure jamais bien longtemps, les bigorneaux sont semés tout au long du parcours, comme des cailloux que les bagnards cassaient à Biribi, « c'est là où tu iras », disait ma grand-mère quand je faisais des bêtises.

Quand je suis arrivé à Landrévarzec, un village ordinaire à somnoler, j'ai vu un tas de maisons neuves en cités qui se ressemblaient toutes. Pas de bol, y'avait un enterrement, les gens meurent aussi là-bas, comme ailleurs. Je me suis arrêté en enlevant ma casquette, j'ai pris Francine dans mes bras, j'ai serré très fort et on s'est recueillis tous les deux. J'ai pensé au sien et ça m'a mis de la tristesse dans tout le corps. Pourtant, elle m'avait dit : « Sois pas triste à ma mort, je vais te préparer la place. » Elle y croyait dur comme fer au Paradis et toute sa clique, que je la rejoindrais là-haut et à la fin, je n'avais pas le cœur à la contredire, car il ne faut pas tuer l'espoir, ça dessèche le cœur. J'y ai répondu : « Tu ne mourras pas tout de suite, tu es dure comme une vraie carne, tu nous enterreras tous, les uns après les autres », mais c'était une blague, parce que je savais que sa maladie l'avait condamnée à la peine de mort et moi à la peine de vie sans elle.

Francine avait voulu, après sa mise en terre, nous payer un pot Chez Armand, avec sa cagnotte, elle avait économisé pour ça. Au début, comme d'hab', les gens étaient tristes comme des livres de messe sans images et ils n'osaient pas parler "aux victimes", mais après, avec le vin qui aide à délier les langues, ils n'arrêtaient pas de se souvenir de la défunte – ils n'osaient pas dire la morte, car les vrais mots nous font peur et peuvent porter la poisse. « Elle était tellement "gaite", pleine de vie et avec ça, le cœur sur la main. » Pour un peu c'était la super Francine que tout le monde regrettait, comme à la télé dans les séries. Faut quand même pas exagérer, moi je lui connaissais bien des défauts. Je me souviens de ceci et de cela, ils me tapaient dans le dos pour réconforter ma peine. Armand, le patron, ne se rappelait plus qu'on était dans le deuil à fêter une morte, il a dit : « Tournée générale ! » Et les gens ont été contents car ils allaient pouvoir boire un nouveau coup de la mère Francine et à sa santé, même si elle l'avait laissée en bordure de route. Là, dans cet enterrement à Landrévarzec, c'était aussi triste, mais moi moins, car c'est pire avec des gens qu'on aime ; quand on ne les connaît pas, ce n'est pas pareil. Ça m'a fait drôle d'enterrer quelqu'un d'autre, j'ai imaginé Francine sous la terre avec les vers qui commençaient à bouffer les planches, bientôt son corps, et pas au Paradis où il doit manquer des places depuis le temps qu'on y monte… une sacrée crise du logement ! Je suis tombé sur un gosse qui jouait près d'un marais. Je trouvais qu'il avait l'air bizarre à regarder quelque chose. J'ai arrêté Bienvenu et je me suis approché de lui et quand j'ai vu l'étendue des dégâts, j'y ai dit :

— Bouge pas !

L'étendue des dégâts était une vipère qui s'était dressée tout droit devant lui et qui voulait le piquer. Je me suis approché sans faire des mouvements brusques, j'ai posé le pied dessus et je l'ai prise derrière les oreilles, comme mon grand-père me l'avait appris et je l'ai lancée très loin, le plus loin que j'ai pu, du gosse. Bien sûr, il ne s'était pas rendu compte du danger. Je lui ai dit :

— Ces bêtes-là, il ne faut pas les déranger, si tu en vois une, tu cours très vite te mettre à l'abri, les vipères et les gens ne doivent pas se mélanger.

Je ne lui ai pas dit que certaines se glissent parmi nous et je l'ai raccompagné à sa maison.

Sa mère est sortie en furie qu'elle était, comme si que j'allais lui voler son môme et l'arracher à ses entrailles, c'était le genre qui voit du mal partout.

Elle s'est mise à enguirlander son gosse d'un gros manteau pour l'hiver, comme quoi il ne faut pas parler aux étrangers et ne pas suivre n'importe qui. N'importe qui, c'était moi. « Merci Madame pour mes bons et loyaux services ! » Quand j'ai pu en placer une, je lui ai expliqué la situation et qu'elle ferait mieux de surveiller son mioche et ne pas le laisser jouer avec n'importe qui, encore moins avec les vipères. Elle a fini par ne plus savoir où se mettre et elle s'en est tirée en disant qu'elle avait eu tellement peur qu'elle aurait dit n'importe quoi et plus encore. Alors, pour se faire pardonner, elle a voulu que je trinque avec elle d'un café, mais moi, en milieu d'après-midi, ça m'empêche de dormir le soir. Vu ma préférence pour un bon coup de pinard, elle m'a sorti un Pouilly-Fuissé qui est un vin que je n'ai pas souvent l'occasion de boire, c'est trop cher, mais pour une fois que j'avais sauvé un enfant, on ne regardait pas à la dépense.

— Vous l'avez bien mérité !

Elle m'a promis de le surveiller contre vents et marées et de le préserver de l'extérieur animal. Lui, le gamin, il était tout en douceur dans les yeux, il ne comprenait pas qu'il faut se méfier de tout. Je les ai laissés entre eux pour ne pas les déranger plus longtemps et qu'ils finissent leur discussion sur les dangers de la nature et des hommes dedans.

XXIII

Géraldine Buisson se demanda si le bonhomme qu'elle suivait, sous ses airs tout ce qu'il y a de plus innocent, n'était pas coupable en fin de compte. Si le beau-frère insistant n'avait pas raison. Jean Landrezac pouvait avoir tué sa femme. Et le pire… les flics mettraient un temps fou à arriver jusqu'à lui, pourtant, elle ne voulait pas les prévenir directement.

Tant qu'elle y était, elle lui mit les deux autres morts sur le dos… Ne s'agissait-il pas alors d'un tueur en série ? Il était passé par la cathédrale de Vannes, 1 mort, par celle de Quimper, 2 morts, et celle de La Vraie-Croix, 3 morts. Elle s'égarait, mais ses égarements ne contenaient-ils pas un fond de vérité ?

Une foule impressionnante s'était massée autour de la cathédrale quimpéroise, elle ne s'était pas attardée, toutefois les événements s'étant bousculés, elle avait appelé Conrad Turq qui avait rappliqué à la première sonnerie, revenu de son périple en banlieue parisienne.

C'est en voyant une équipe de FR3 Bretagne, qu'elle avait pensé à une vieille connaissance : Nathalie Marty, journaliste. Cette dernière était sur le coup, elle avait lu ses articles dans la presse. Elle réussit à la joindre à la rédaction de son journal *Le*

Guetteur et elles convinrent d'un rendez-vous pour le lendemain.

Le fugitif avait suivi un enterrement à Landrévarzec, n'était-ce pas un autre signe ? Était-ce une réaction normale ? Avait-il éprouvé du remords d'avoir enterré sa Francine ? Il avait ensuite tiré gloriole d'avoir "sauvé" un gosse devant une minuscule vipère, peut-être même une couleuvre inoffensive, s'en vantant auprès de sa mère. Ne s'était-il pas donné bonne conscience ? Préparait-il un nouveau forfait ?

Pour le soir même, elle prit un hôtel à Châteaulin où l'attendait Conrad Turq. Il lui narra les derniers ragots appris sur la commerçante.

Elle ne savait pas pourquoi cette histoire commençait à chambouler ses certitudes, pourtant, dans sa carrière déjà longue, elle en avait vu, mais suivre la piste d'un tueur en série, ça jamais !

— Il a pris un pot au café "Chez Job" et maintenant, il bivouaque en campagne.

La détective offrit son plus beau sourire au stagiaire, ce qu'il prit pour un acompte.

— Nous dormirons à l'Hôtel du Lion d'Or.

— Laissons-le dormir.

— J'ai pris deux chambres.

« Dommage ! On aurait pu diminuer la note de frais, mais la patronne n'a pas le sens des économies… »

XXIV

La route montait et descendait, avec des petits lacets, autour, il y avait des champs bordés de fougères, des collines à vaches, des éoliennes, le nez au vent ; j'imaginais Don Quichotte se battant contre leurs pales d'acier. Ça menait tout droit dans le Parc Naturel Régional d'Armorique.

Je suis arrivé moi et les autres à Châteaulin, le long de la rivière, une grande ville à perte de vue, avec des vieilles maisons et des zones ceci, des zones cela et deux grands quais bordés d'arbres.

J'ai traversé le pont sur l'Aulne, j'ai lu dans *Le Télégramme* qu'on pouvait le franchir à gué. J'ai vu les bâtiments des anciennes pêcheries de saumon, d'où le surnom des Châteaulinois : les *Penn* Eog, têtes de saumon. L'article parlait aussi des Boucles de l'Aulne, une course de vélo, de la pomme de terre et de la carte postale avec Jos Le Doaré. J'ai longé aussi un temps le canal de Nantes à Brest où beaucoup d'esclaves se sont fait suer pour le creuser, et aperçu les Monts d'Arrée derrière, dans le lointain. C'est notre montagne à nous autres, les Bretons, comme si la géographie avait voulu nous offrir tous les paysages qui peuvent exister en France, comme ça, ceux qui viennent nous voir, ils visitent tout le pays en miniature.

J'ai décidé de prendre un petit remontant Chez Job, un bistrot où ils ont reconstitué une chaumière avec tous les ustensiles et les instruments de dans le temps : des herses, des faux, des fléaux, des vieilles charrues…

J'avais besoin de ça, car y'avait plus d'une semaine que j'étais parti et je regrettais ma ferme avec tout ce qu'il y a dedans, mes bêtes, mes cochons, par exemple, qui sont des animaux très propres si on les nettoie ; le marchand d'aliments blague avec ça : « Ne fais pas aux truies ce que tu ne voudrais pas qu'on te fasse », il dit aussi rapport à Camembert : « Un jour, Dieu reconnaîtra les chiens ! » C'est un rigolo, et aussi Francette, mes lapins et mes poules. Je revoyais une voisine qui tâte tous les soirs le cul des siennes pour voir si elles vont pondre le lendemain. Fernande. La Fernande est une personne entièrement à part, certains disent que c'est une sorcière, car elle sort le soir à la lune et elle singe des trucs bizarres sous les étoiles, en pissant debout sous son sarrau. Elle met des chapelets d'ail au cou de son nigaud de fils qui a arrêté sa croissance, mais pas que ça. On se demande lequel est le plus cinglé, car lui, par exemple, il attache des corbeaux au bout d'une ficelle et il s'amuse à les faire crier. Il a le visage aplati et les yeux pas sur la même ligne, on dirait qu'il a été fini à coups de pelle.

Dans le même genre, y'a le père Jules. C'est un rebouteux pour tout, il remet les gens pas droits d'aplomb. Quand tu es malade, tu vas le voir et, des fois, tu es guéri. Mais il faut qu'il soit bien luné ; si oui, il marmonne entre ses chicots, il lance des pincées de sel un peu partout et avale un plein verre de lambic pour « conjurer le sort », comme il dit. Quand il a fini son cirque, il te demande cinquante euros, content ou pas. Il a aussi une recette imparable pour les rhumes, avec de la gnôle, du citron, du miel et des herbes, mais les proportions sont secrètes.

Des fois bien sûr, ça ne suffit pas, le père Jules. Ça n'a pas suffi pour sauver Francine, parce qu'elle était sur une autre planète inguérissable où y avait le cancer qui ne l'a plus quittée. Pourtant, elle était forte comme une Turc, mais pas assez pour tuer sa maladie. Elle a beaucoup souffert et des fois, elle me demandait :

— Jeannot, tu ne peux pas faire quelque chose pour moi ?

Et on comprenait ce que ça veut dire. Francine me regardait avec ses yeux douloureux de chienne battue et je voyais bien qu'elle était déjà partie d'avec moi, dans un autre monde où elle croyait que tout est meilleur.

Je regrettais vraiment toutes mes choses de là-bas et si je n'avais pas promis à Francine sur son lit de mort, je crois que je serais retourné en arrière, j'aurais ramené la dépanneuse et je serais rentré en tracteur.

XXV

Le commandant Rosko pesta quand on lui apprit que plusieurs témoins, dans la cathédrale Saint-Corentin, n'avaient pu être entendus, ils s'étaient carapatés à la vitesse de l'éclair.

— Bon Dieu, c'est pourtant un lieu clos ! La première chose à faire était d'établir un périmètre de sécurité et de chasser le poisson à l'intérieur de la nasse !

Un des collègues précisa qu'une femme énergique était intervenue pour mettre un peu d'ordre avant leur arrivée, mais dans l'agitation qui avait suivi, elle avait disparu.

— Une petite, les cheveux blonds, un nez de fouine et un visage d'ange, si je puis oser cette comparaison.

— Qu'on la retrouve ! Faites-en un portrait-robot avec les témoins directs ! Il y a ce Louis Lecamp, n'est-ce pas ? C'est lui qui a vu le sang en premier ?

— Il est comment dire… assommé. Il a du mal à récupérer, dame, il n'a jamais vu un mort d'aussi près !

— Donnez-lui du sel, bourrez-le de coups de pied au cul, réagissez, merde ! Julien, occupe-toi de ça !

Julien Destrac s'aperçut que le patron claudiquait

de plus en plus, c'était mauvais signe. Quand les douleurs revenaient, il devenait d'une humeur exécrable.

— Alors, ton Charles Monselet ?

— Stéphane Haas n'était pas de chez eux.

— Ça voudrait dire que les deux morts n'ont aucun lien, en tout cas, pas celui-là. J'ai eu le substitut Boteron, il a ouvert une deuxième information judiciaire. Il garde la main dessus, car pour lui, les deux affaires sont liées, d'autant que le légiste a indiqué que le mort de Vannes avait pu être tué d'un coup de dent de herse. Il a nommé un juge d'instruction : Bruno Lemoine. Notre équipe est chargée de l'enquête, c'est elle qui coordonne, Lerabeau est aux anges, t'imagines…

— Ah, ça prend tournure, on n'est plus dans le flag banal, ça peut être intéressant pour ta carrière, mon commandant…

— Arrête tes conneries, j'en ai soupé des grades, ce que je veux, c'est clore cette affaire au plus vite, avant que l'évêché ne fourre vraiment son nez dedans. Car mon gars, où la religion passe, c'est la galère !

Rosko obtint une commission rogatoire pour que le domicile de l'Alsacien soit perquisitionné par les collègues de Strasbourg. En attendant, il allait se "faire" la deuxième veuve.

XXVI

J'étais arrivé dans le Parc Régional d'Armorique, un espace protégé comme on dit, qui a chassé mes idées noires. C'était le début des monts d'Arrée, pour prendre de la hauteur. Il y avait une énorme forêt de sapins, avec des panneaux « *Biche* » qu'on ne voit jamais la queue d'une, où on pouvait se perdre si on s'éloignait des routes.

Plus ça montait et plus la végétation était rabougrie, des bruyères, des fougères et en plus, les rochers avaient des formes bizarres dans la brume.

Et tout d'un coup, au bord de la route, j'ai entrevu un jeune homme dans les vingt ans, le crâne rasé et des boucles aux oreilles et dans le nez.

— Je vais à Brasparts, il a dit comme ça.

— Moi aussi, j'ai répondu.

— Je peux y aller avec vous ?

Il m'a semblé honnête dans l'ensemble, alors je lui ai fait signe de monter. Mais il n'osait pas escalader la dépanneuse, il trouvait ça bizarre, cette équipe avec un tracteur sur le plateau et une remorque derrière.

— Ben, monte, je vais pas te manger ! Camembert non plus, c'est mon chien. Il s'était mis à aboyer sur l'inconnu pour lui montrer qu'il existait.

Je lui ai expliqué avec quelques mots ce que je faisais là et il m'a trouvé complètement sonné avec mon *Tro Breizh*. Lui ne croyait ni à Dieu ni à Diable, à rien ni personne.

— Moi non plus, mais je crois en Francine et il faut que je lui montre du pays.

Je l'aimais bien, ce gars, au fond, même si on n'était pas de la même dégénération. Je voyais bien qu'il n'avait pas une tête de loup, ou alors c'était un louveteau et ça ne s'était pas encore aiguisé les dents.

Je lui ai demandé :

— T'es d'où, mon gars ?

Il m'a montré vaguement une direction, mais on ne savait pas si c'était en Bretagne ou ailleurs. Ou alors il était de nulle part et il taillait la route sans domicile fixe.

— Qu'est-ce que tu as comme métier ? Moi, c'est paysan. Mais maintenant retraité.

Lui n'avait pas l'air d'en avoir et il a fini par me dire que j'avais vu juste.

— Je suis routier.

— Ils sont sympas. Ton camion est en panne alors ?

Il a rigolé sur ses dents noires, j'avais détendu l'atmosphère. Il m'a demandé l'autorisation de fumer. Il a roulé un truc qui ne sentait pas le tabac et il l'a allumé en disant :

— T'en veux une bouffée ?

Je sais bien que c'était un pétard, comme ils

disent. Moi je fume la pipe quelquefois, mais Francine n'aimait pas ça, Yvon me donne un cigare au foot. Par politesse, j'ai accepté une taf et là, c'était comme si… comment dire… c'était bizarre à tirer, ça m'a donné mal à la tête. Il a essayé de m'expliquer des choses qu'on peut pas comprendre si on n'est pas dans la dégénération.

— Avec ça, tu vois des trucs bien et la vie en rose. Tu imagines des animaux bizarres et toi tu cours derrière avec un filet à papillons… Si tu insistes avec du plus gros, tu peux même chasser le dragon…

Le jeune s'est mis à rire de mes ignorances, sans pouvoir s'arrêter, et après, il a fermé les yeux. Il était brinquebalé à droite et à gauche, un peu comme s'il était dans le coma, je lui ai mis sa ceinture de sécurité. Quand il s'est réveillé, on était toujours en forêt, ça descendait et montait sec, il y avait très peu de maisons et du brouillard. Il s'est étiré et il m'a dit :

— Un bon roupillon, y'a que ça pour reposer ses neurones. Tiens, au fait, je pourrais pas conduire le tracteur ? J'en ai toujours rêvé.

J'ai stoppé net la dépanneuse, détaché la remorque et j'ai descendu le tracteur. Y'avait un chemin qui partait en forêt, Bienvenu pouvait le faire, c'est comme un 4x4, ça passe partout. Je lui ai montré comment ça fonctionnait et il s'est mis au volant. Mais vous savez ce que c'est lcs jeunes, il est parti là-dedans à fond la caisse. Il a disparu au bout du sentier et je me suis dit : « Ben dis donc, il serait capable de ne pas le ramener Bienvenu, ton

Massey. » J'ai attendu sur le bord de la route avec mes yeux au beurre noir à force de regarder, je ne pouvais pas y aller en dépanneuse, sinon on se serait embourbés.

Et voilà qu'au bout d'un bon quart d'heure, mon jeune est revenu. Il était devenu tout sage et tout gentil, ça se voyait sur son visage radouci.

— Je vous remercie, qu'il a dit, je n'étais jamais monté sur un tracteur et ça fait bizarre. On a l'impression d'être seul au monde et on voit les choses d'une autre façon. Comme si on communiait avec les arbres et les nuages.

J'ai remonté Bienvenu, ça a dû lui faire drôle d'être conduit par un autre que moi, il est tellement habitué à mes écarts que de me sentir sur son volant, il irait presque tout seul où je veux aller.

Il m'a dit où le déposer à Brasparts où l'on grimpe vers le ciel, c'était devant des HLM en boîtes. Quand je me suis arrêté, une bande de ses copains a entouré la dépanneuse. Ils ont voulu monter partout, y'en avait des sympas et d'autres moins. Ils avaient tous l'oreille collée à leur téléphone, chacun dans son pré et les vaches sont bien gardées. Je leur ai dit qu'un jour, s'ils le voulaient, ils pourraient venir en vacances à la campagne, à la ferme, et je ne sais pas ce que leur a raconté leur copain, ils ont répondu qu'ils viendraient.

*

* *

Je suis arrivé à Pleyber-Christ et il était temps, car je commençais à manquer de boustifaille. Faut dire que j'avais laissé pas mal de plumes à mes zigotos dans la cité.

D'abord, je me suis dit : pourquoi cette ville s'appelle comme ça ? Doit y avoir du Jésus là-dessous que ça ne m'étonnerait pas. On ne peut en vouloir à ce gars-là, car il a fait tout plein de bontés, il a soigné des malades, il leur a donné à manger, il les a sortis de la misère, il a multiplié des pains. Faut le faire ! Il a même ressuscité des morts, mais là, j'ai des doutes, car personne ne s'est occupé du cas de Francine. Je n'ai rien contre lui, j'ai dit, mais n'est pas Dieu qui veut. On ne joue pas dans la même cour avec ces gens-là, ils sont sur leur hauteur. Il faut toujours regarder d'où l'on vient et ne pas se croire meilleur que les autres. L'autre, ça l'a bien avancé, il est mort cloué sur la croix qu'il a dû monter sur une montagne plus haute que les monts d'Arrée. Ce n'étaient pas des anges à cette époque-là, ils n'aimaient pas que les gens viennent mettre le nez dans leurs affaires commerciales et se mélanger à leurs épiceries. Eh ben, tout Dieu qu'il était, il n'a pas pu se déclouer et son père du haut n'est pas venu à son secours, il a dû attendre trois jours qu'on veuille bien venir le ressusciter. On n'était pas d'accord là-dessus avec Francine, elle, elle croyait tout ce qu'elle ne voyait pas et moi, je ne crois même pas à ce que je vois. Elle est bien avancée maintenant, dans son cercueil, à rester sur place !

Je suis donc allé aux courses avec elle pour la distraire un peu de son Purgatoire, car c'était elle qui les faisait d'ordinaire, dans un supermarché débordant de victuailles. Elle y allait seule la plupart du temps, car moi, j'ai l'impression d'étouffer là-dedans ! Je lui ai demandé des conseils à Francine qui me regardait dans le caddie. Y'avait tellement à boire et à manger que je ne savais pas quoi choisir, c'est la société de consommation, avec la crise sur le gâteau et le réchauffement climatique qui nous gêne aux entournures, si on veut faire le tour des questions de notre temps.

J'ai acheté plusieurs kilos de nouilles, des pâtes, de la bidoche, des légumes et des fruits. Ça me faisait une drôle d'impression à chaque fois que je mettais quelque chose dans ma brouette, j'avais l'impression que Francine rouspétait :

— Tu t'es encore gouré ! Regarde le rapport qualité-prix au lieu de prendre le premier article qui te tombe sous la main !

Je suis passé sur le tapis roulant où la caissière m'a regardé avec des yeux où on ne voyait rien dedans, faut dire qu'elle n'a pas le temps de s'occuper de tout le monde. Chez nous, au moins, Agathe, la boulangère, elle nous parle de la pluie et du beau temps, elle prend des nouvelles de notre santé, elle nous appelle par notre petit nom. Elle est aussi bonne que le pain qu'elle vend ; quand tu grattes la croûte, tu trouves la mie fondante et les deux font des gâteries au palais. Mais la caissière, elle, ne parlait de rien, à cause des chiffres qu'elle doit faire et ça, elle le faisait bien… J'ai payé et je n'ai pas demandé mon reste, car il ne restait pas grand-chose à gratter.

XXVII

Le commandant Rosko, flanqué de l'adjudant Charbant, interrogea la veuve de feu l'Alsacien dans les locaux de ses collègues de Quimper. La femme était empaquetée dans sa peine. Le flic était très bas dans les sondages, il avait mal dormi une nouvelle fois. Questions existentielles ? Qu'est-ce qu'il foutait là ? Après quoi courait-il ? Tout n'était-il pas inutile ? Il avait commencé avec le rasage du matin, il s'était fait une estafilade, avait raté une jambe de son pantalon et s'était affalé sur le carrelage de la salle de bains, avait laissé le café bouillir dans le four à micro-ondes et sa tartine beurrée de confiture avait chu, évidemment du mauvais côté. Parfois, les choses se refusaient à lui. Il se trouva bien injuste de se masturber l'esprit, alors que cette femme venait de perdre un être cher. Mais à chacun ses déboires. On s'intéresse plus à la fuite de son évier qu'à un tsunami qui tue des milliers de gens. Bref…

Son collègue, l'adjudant Charbant, était tout en délicatesse, il utilisait les bons mots. Il l'envia, lui qui avait souvent un langage cru, mal léché, écorchant les oreilles. Il se promit d'édulcorer son vocabulaire.

Laura Haas expliqua qu'ils n'étaient jamais venus en Bretagne – on la dénigre tellement à cause de son climat – et qu'ils avaient été enthousiasmés par

leurs découvertes, de plus les Bretons étaient charmants, c'est en prononçant ces mots qu'un torrent
de larmes dévala la pente de ses yeux, elle s'était
rendu compte qu'un de ces « charmants Bretons »
avait tué son mari. Le couple ne manquait ni la
moindre chapelle ni le plus insignifiant calvaire,
alors pensez, une cathédrale !

— Il explorait les lieux, moi je brûlais un cierge,
il a dû vouloir se confesser, ce qui ne lui ressemble
d'ailleurs pas et oh…

Elle se mit à redoubler de pleurs et à hoqueter.
Charbant lui passa un Kleenex et la laissa reprendre
ses esprits.

— Avez-vous remarqué quelqu'un en particulier ?

— Non, juste cette femme qui a éloigné les
curieux. Ah si… un homme qui portait une casquette et un cadre à la main. Je ne l'ai plus revu ensuite.

Charbant se tourna vers Rosko, tout en faisant
une grimace d'étonnement, semblant dire : « Tu le
connais, toi, ce bonhomme ? » Rosko relut les PV
d'audition des témoins. Ces deux personnes n'avaient
pas été interrogées. Laura Haas renifla.

— Je me souviens aussi d'un type bizarre, il était
emmitouflé dans un long manteau. Je me suis fait la
réflexion qu'il ne faisait pas si froid après tout.

Charbant la remercia d'avoir répondu à ses questions, malgré sa peine.

— Pouvez-vous rester quelque temps à Quimper ?
Je peux vous réserver un hôtel si vous le souhaitez.
Quelqu'un peut-il vous rejoindre ?

— J'ai déjà appelé mon fils, il arrive par le premier train.

— Avez-vous besoin de quelque chose ?

— Je ne sais pas si toute seule…

— Je vais vous faire accompagner dans vos démarches, ne vous inquiétez pas.

L'adjudant donnait vraiment une bonne image de la police. Rosko aurait aimé lui ressembler, mais on ne se refait pas. Lui était plutôt du genre rentre-dedans, peu habitué à ménager les autres, encore moins lui-même. Il aimait bien foncer, agir sans réfléchir, sauf allongé. Allongé, il avait l'impression qu'un afflux de sang abreuvait son cerveau, et là, l'extase, tout lui apparaissait clair et net. Enfin… certaines fois…

En ce moment, il ne voyait que de l'eau de boudin, que du jus de chique dans ces deux meurtres, dans ces deux assassinats : même mode opératoire, même arme – la dent de herse avait certainement été utilisée aussi à Vannes – mêmes lieux de culte, de quoi perdre son peu de latin. Qui était ce type qui lui menait la vie dure ? Où allait-il s'arrêter ? Son boss allait en profiter pour l'enfoncer s'il ne résolvait pas l'affaire rapidement. Fallait-il creuser la piste de l'espionnage, en explorer d'autres ?

XXVIII

Quatre verres de cidre plus tard, je ne voyais plus grand-chose sur ma carte. C'est quand je suis passé dans un petit village que les pandores se sont pointés et qu'ils m'ont arrêté sur mon drôle d'équipage. Je me demandais ce que j'avais fait de mal, sauf boire un peu, mais y avait pas de quoi saouler un chat. Normal que ces gars-là vérifient si on est de la race bandit ou honnête, alors on doit tous passer entre les pattes de leur matraque. N'empêche, quand on les voit, on a la trouille de ne pas être en règle et moi, j'étais un peu déréglé question éthylotest.

Ils m'ont salué militaire avec la main : « Gendarmerie nationale. »

Ils étaient deux, un tout maigre et l'autre bien gras. Y'en avait un qui devait piquer dans la gamelle de l'autre…

Ils ont fait le tour du véhicule, sans parler pour impressionner. Après leur tour d'inspection, ils ont pris une voix d'autorité.

— Papiers du… des véhicules !

L'autre a rouspété :

— Vous avez un phare à l'arrière qui ne fonctionne pas.

— Je vais m'arrêter au garage, j'en ai vu un là-bas qui…

— C'est à vous cette dépanneuse ?

— Ben, c'est-à-dire, on me l'a prêtée. Je l'essaie pour voir comment elle va et si ça se trouve, je l'achète.

— Vous avez l'assurance ?

Et là, la panne sèche pour ainsi dire, c'était pas le même nom ni la même adresse et ça, ils n'aiment pas quand ça ne tombe pas pile poil, ils doivent toujours retomber sur leurs pieds dans le bon ordre des choses. Ils n'aiment pas les grains de sable qui font grincer les machines.

Je leur ai expliqué le topo : je faisais le tour de Bretagne pour Francine qui m'accompagne. J'essayais de les amadouer en leur parlant du pays, mais Camembert n'arrêtait pas de vouloir les asticoter ; dès qu'il voit un costume de facteur ou autre, il ne se sent plus. Ça les a agacés. Ils m'ont demandé de les suivre au poste.

C'était d'un sérieux là-dedans, avec des bruits de police partout, les habitants ne disent même pas bonjour car ils ont peur des terroristes et ils n'ont pas besoin d'être polis. Ils m'ont demandé d'attendre dans un couloir. C'est la force de l'ordre qu'on dit, pour nous protéger, alors on doit se donner la peine de leur obéir. Dans le couloir, il n'y avait pas un cadre ni un pot de fleurs, seulement un banc dur comme de la carne, on n'est pas là pour vous être agréable, car si on y vient, c'est qu'on a quelque chose qui cloche. J'ai attendu au moins une heure à essayer de tuer le temps qui ne se laissait pas faire.

Au bout, y'a un mec qui est revenu, le gros, il était rouge comme une citrouille bien mûre. Ils avaient appelé le garage, tout était en règle. Heureusement, ils ne m'ont pas fait souffler dans leur ballon.

— Il va falloir changer votre feu à l'arrière de la remorque.

Il m'a accompagné dans un garage qui a remis une heure à me changer l'ampoule.

— C'est vingt euros, qu'il a dit.

Et tout le monde était content.

Le soir, j'ai fait un rêve où Francine voulait me tuer, j'allais mourir ; bien fait ! Alors je me suis réveillé, avec Camembert qui me léchait. C'était le matin et j'avais envie de pisser.

*

*   *

Après un bon petit-déjeuner avec du café au lait fumant, je suis arrivé dans un village au joli nom charmant : Saint-Martin-des-Champs. C'était comme chez moi, là-bas à La Vraie-Croix, sauf que j'avais viré de bord vers la rivière de Morlaix où je passerai plus tard, avec des bateaux de toutes les couleurs qui donnent envie de partir sur les mers, à ceux qui ont le pied marin.

À Henvic, je me suis dit que je commençais à sentir extrêmement, je n'avais pas pris de douche depuis mon départ, je m'étais juste débarbouillé comme les chats. Je suis tombé sur une chambre d'hôtes qui est à la mode de chez nous, tout le monde veut accueillir dans sa maison, à cause du blé que ça rapporte, soyons francs. Un couple de fermiers est venu à ma rencontre et ils m'ont dit qu'il y avait une chambre libre pour le soir. Quand je leur ai appris que j'étais retraité du même métier sauf l'hôtellerie, ils ont tout de suite été intéressés. Ils m'ont fait visiter leur basse-cour et leur bergerie : ils élevaient des volailles, des moutons et des chèvres et ils fabriquaient du fromage.

Je leur ai demandé pourquoi ils appelaient ça *Ti-Bugale* et ils m'ont expliqué : c'est parce qu'on n'a pas eu d'enfants, alors en plus de nos activités, on reçoit les jeunes des écoles pour leur montrer une ferme, car les gosses de la ville, ils ne voient plus les animaux que dans leurs ordinateurs.

Je suis monté au premier étage où il y avait une chambre : "La moutonnière", avec un lit-clos comme on en faisait dans le temps, des tabourets pour les chaises et une table sur des tréteaux. Ils avaient peint un troupeau de moutons sur les murs qu'on pouvait compter avant de s'endormir.

Après, je me suis délassé et débarbouillé dans un bain de mousse où je suis resté une bonne heure. J'étais comme sur des nuages. J'avais demandé la permission d'amener Camembert qui est resté bien sage sur le tapis de bain à se demander à quoi rimaient mes simagrées et pourquoi je sifflais comme un pinson.

Je suis descendu pour le souper, il y avait un couple d'une femme et d'un homme attablés. Ils nous ont servi un *kig ha farz*, qui est d'origine du Léon, à l'ouest de Morlaix ; ça vient de *kig* : viande et *farz* : farine. C'est un pot-au-feu quoi ! La fermière a expliqué que la pâte de farine de blé noir, pour ne pas dire du sarrasin, est cuite dans le bouillon avec le bœuf et le jarret de porc, le tout enfermé dans un sac. J'ai aimé le goût de la galette et les choux qui allaient très bien avec.

Lui avait sorti un litre de *gwin ru*, tout en expliquant l'origine de baragouiner qui vient de pain *bara* et de vin *gwin* en breton, et je m'en suis léché le gosier avec l'impression d'un nectar qui glissait sur un tapis de velours. Ils nous ont dit que la clientèle de touristes les prenait souvent pour des demeurés, qu'ils s'attendaient à les voir avec leurs gros sabots marcher sur de la terre battue, mais ils n'en faisaient pas cas dans leur confort moderne. Ils continuaient leur train-train quotidien avec l'amour de recevoir les gens.

— Sans cette activité, on ne pourrait pas vivre, il a fallu s'adapter. On en voit souvent qui ne connaissent rien de la campagne, alors on leur explique et ils partent d'ici avec des idées neuves et ils n'ont qu'une envie, c'est de revenir.

C'étaient des personnes très sympathiques et ils ne nous ont laissé aller nous coucher qu'à minuit, après nous avoir fait goûter le "bonbon crédence" qu'il a sorti dans le secret, en regardant à droite et à gauche, si on ne venait pas lui piquer son droit de distiller.

La femme du couple n'arrêtait pas de poser des questions, de quoi je me mêle ? J'ai été obligé d'en garder sous la casquette.

Les draps de soie étaient frais comme une source et je m'y suis glissé en emportant dessous Francine. J'ai autorisé Camembert à venir sur la couverture et il a remué la queue de contentement. J'avais l'impression d'être un bébé tout pouponné et frais comme une brise de mer, ce qui ne m'était pas arrivé depuis longtemps.

XXIX

La gendarmerie avait prévenu la police de Vannes qu'un de chez eux se promenait en tracteur défectueux, sur une dépanneuse, et qu'il faisait faire un tour à sa veuve. Un grouillot avait écrit quelques mots dans un dossier et l'avait glissé dans un tiroir, celui des bizarreries qui peuvent "sortir" un jour.

Rosko avait poursuivi sur sa piste : l'espion qui venait d'on ne sait où… mais il était arrivé dans un cul-de-sac, il n'avait pas découvert qui pouvait en vouloir à mort à ce diacre bien sous tous rapports.

Il avait auditionné Klébert Lambert, responsable du syndicat LRO, Ligue Révolutionnaire Ouvrière. Ce dernier lui était apparu tout de suite antipathique. Il était monté sur des grands pneus et regardait le bas peuple avec commisération.

— Les ouvriers, il faut les driver, sinon ils ne savent pas défendre leurs droits.

— En quelque sorte, vous veillez sur eux ?

— On peut le dire et heureusement qu'il y a des hommes comme moi pour défendre leurs intérêts.

Il pratiquait le cynisme à la perfection.

— C'est-à-dire que vous prenez leur argent…

— Ça évite qu'ils le dépensent mal à propos et qu'ils le mettent dans les poches des grands capitalistes, les zinzins, les investisseurs institutionnels, et autres dont les sirènes leur font miroiter monts et merveilles.

— Ludovic Méchin était de ceux-là ?

— Un peu trouble, ce gars. Il était avec nous et pas avec nous. Le syndicalisme et les curés n'ont jamais fait bon ménage.

— Il a eu maille à partir avec des gens de votre syndicat ?

— Il participait rarement aux réunions. Je vais vous dire… je crois qu'on lui servait de paravent.

Il le laissa dans ce doute et lui ordonna de rester à la disposition de la justice.

*

*   *

Il venait à peine de quitter le quidam qu'il reçut un appel sur son portable.

— Nathalie Marty… vous… tu te souviens de moi ?

Il dut faire un terrible effort de mémoire embrumée. La femme précisa :

— Journaliste… je couvrais une affaire de dealer, tu menais l'enquête, nous avons fini dans le même lit.

C'était un raccourci on ne peut plus parlant. Rosko se rappela d'un vague visage, d'un corps intéressant et d'une nuit tout ce qu'il y eut de câline. Mais rien de plus. Il toussota. Elle ne prit pas la mouche. Elle connaissait le personnage pour l'avoir côtoyé sur plusieurs autres affaires criminelles. Ils se fixèrent rendez-vous dans son bar attitré.

— Tu vas toujours chez la mère Lefranc ?

Le commandant la reconnut tout de suite, une carnation couleur biscotte ou pain grillé, des fossettes sur un visage ovale où s'ouvraient deux perles noires et des cheveux couleur d'ébène. Loin de la gravure de mode. Elle voulut l'embrasser, il se recula.

— Tu es tel que dans mon souvenir, en plus… en moins… dit-elle en s'asseyant.

— Qu'est-ce qui t'amène ?

— T'aimes toujours pas les préambules ?

— On s'en fout ! C'est pas pour évoquer le passé que tu voulais me voir, je suppose…

— Tu as raison, c'est plutôt pour l'avenir… pour ton avenir.

— Explique-toi.

— J'ai une bonne copine…

— Non, merci, ne joue pas les entremetteuses.

— Tu n'y es pas du tout !

— Qu'est-ce que tu bois ?

— Un lait-fraise.

— Ah…

Le serveur revint avec la consommation, Rosko commanda une "Mor Braz" sans alcool.

— De mon temps, tu n'appréciais pas la bière.

— Celle-là n'existait pas encore.

Ils sourirent tous les deux. Autour d'eux, les conversations allaient bon train, dont certaines très animées. Ils devaient se concentrer sur la leur. Les haubans des bateaux tintinnabulaient sous l'effet d'un vent léger. Promesse de navires en partance.

— Alors, cette copine ?

— Elle suit un mec.

— Ça n'a rien d'étonnant.

— Ne me coupe pas sans cesse, sinon, je ne pourrai pas aller jusqu'au bout.

Il lui prit la main, ne sachant que faire de la sienne. Ses membres – surtout les jambes, et l'on comprend pourquoi – lui avaient toujours posé problème, il ne savait pas où les mettre. Parfois, marchant dans la rue, il était obligé de s'arrêter, de s'adosser à un mur, trop préoccupé de ses mouvements. Nathalie Marty ne s'attendait pas à ce geste qu'elle prit pour de la tendresse.

— Écoute, je suis sérieuse… Géraldine Buisson, elle est détective privée.

— Je connais, elle a été plusieurs fois dans mes pattes, elle fait du bon boulot.

— Un mec est venu la voir, il soupçonne son beau-frère d'avoir tué sa sœur.

— Donc, sa femme.

— Ex-femme, il est veuf.

— Et alors, on va pas s'occuper de tous ceux qui ont l'intention de tuer leur femme, y'en a un paquet ! Les forces de police n'y suffiraient pas.

— Dans son cas, c'est un peu différent, à chaque fois qu'il passe dans une ville, y'a un mort.

— Tu veux parler de Vannes et Quimper ?

Elle acquiesça.

— Il voyage beaucoup, ton bonhomme !

— Il fait le *Tro Breizh* en tracteur.

Rosko en avait déjà entendu parler, certains le font à pied, mais en tracteur, ça, c'était original.

— Tu commences à m'intéresser. Donne-moi plus de détails…

— J'en sais pas beaucoup plus, mais je te file le téléphone de Géraldine Buisson, tu verras avec elle… Mais vas-y mollo, elle n'aime pas avoir affaire aux flics et elle a beaucoup hésité avant de m'en parler. Mets du feutre sous tes gros sabots.

— Tu me connais !

— C'est pour ça que je te dis d'y aller mollo.

Ils finirent leur consommation.

— Je prendrais bien une deuxième bière…

— Si tu veux, j'ai les mêmes à la maison et en plus, c'est gratuit.

Rosko supputa qu'il allait pouvoir se faire la brasseuse. C'est ce qui arriva. Ils prirent du plaisir. Il oublia son infirmité. La vie lui parut belle. À elle aussi. Il suffit de peu de chose : au poète un roseau, aux femmes et aux hommes, un poutou…

XXX

Deux lits de 90, Conrad Turq en aurait vomi ses hôtes. Avec cette créature-là, à portée de main, pas touche ! Il avait peu dormi de la nuit. Rajouté ce *kig ha farz* qui lui était resté sur l'estomac…

Géraldine Buisson, quant à elle, avait trouvé dans les attentes du mâle, dans ses souffrances, un bien-être qu'elle ne soupçonnait pas.

Jean Landrezac, à quelques pas d'elle, lui donnait l'impression de le cerner, de l'avoir à portée. Quoiqu'il ait été fuyant sur bien des questions. Il se trouvait inculte, dépourvu de vocabulaire, mais le langage imagé qu'il employait démontrait qu'il n'était pas si rustre. Elle soupçonnait même une vive intelligence sous la casquette.

Le bonhomme avait expliqué ses déboires de Saint-Martin-des-Champs où il avait été escorté à la gendarmerie pour défaut de feux de position. Il avait une drôle de façon de narrer son histoire, à mi-chemin entre Pagnol et Lariflette. En y repensant, elle lui dédia le titre de roi de la soirée, ou celui de Bécassin.

Elle fit même un rêve où le tueur en série lui expliquait ses motivations par le menu. Il parla de son

enfance à la ferme qui avait généré bien des frustra-
tions. Mais il parlait de tout ça avec le sourire et elle
n'avait pas pris garde au long couteau qu'il sortit
d'on ne sait où et lui planta dans le cœur.

Longtemps éveillée après ce cauchemar, elle écou-
ta Conrad se tourner et se retourner sur son lit de
douleur. Puis elle s'endormit en pensant à Mirta.
Essaya d'entrer dans l'un de ses rêves qu'elle lui
racontait chaque matin devant un thé "Mariage".

XXXI

À Saint-Pol-de-Léon, dans la baie de Morlaix, j'ai trouvé vite fait la cathédrale. Ces derniers temps, j'avais visité plus de saints lieux que durant toute ma vie. Elle s'élançait vers le ciel avec deux tours reliées par une passerelle. En y entrant, j'ai eu l'impression d'être tout petit là-dedans, y'avait un grand orgue où jouait un petit bonhomme chauve.

« Tu vois, le saint Pol Aurélien est venu en Bretagne, comme beaucoup, du Pays de Galles. Ce sont des forts gaillards, je les ai vus à la "tévé", contre les Français au rugby du Tournoi des six nations. Il doit faire meilleur chez nous. Il a d'abord débarqué sur l'île d'Ouessant et… » Pendant que je lisais, voilà-t-y-pas qu'une autre nouvelle a attiré mon attention, comme on dit quand on sait causer. Car le saint Frusquin, il a débarrassé l'île de Batz d'un dragon vilain et pas beau. C'est fou ce qu'ils faisaient des miracles, ces gens-là ! Du coup, je me suis vu combattre mon serpent, qui était moins gros bien sûr, mais ça doit rétrécir avec les époques. C'était la deuxième fois que j'étais mêlé à la vie des saints et ça, c'était quand même quelque chose, même si je ne suis pas aussi fortiche qu'eux. Y'avait de quoi voir trouble. Je n'ai pas pu alors m'empêcher de demander :

— C'est toi, Francine, qui m'envoies des signes à travers les espaces ou c'est quelqu'un d'autre ?

Bien sûr, elle n'a rien dit de ce qu'elle avait sur le cœur. Je lui ai montré ce qu'il restait – pas grand-chose – de cet homme-là, rien qu'un os de son bras ; on est que des fientes, hein ?

— Ce sont des reliques, Francine, après notre mort, dans des centaines d'années, il ne reste de nous que des morceaux d'os. Et encore eux, les saints, ils ont de la chance, parce qu'ils sont connus dans les livres et tout le monde vient les visiter, mais nous, on demeure en terre inconnue avec les vers et on disparaît dans le souvenir des autres.

J'ai lu qu'ils ne l'ont même pas laissé tranquille dans sa Bretagne, ils ont transféré ses reliques à Sully-sur-Loire.

J'ai posé Francine sur un prie-Dieu et je suis monté voir le grand orgue avec le petit bonhomme chauve qui jouait comme pas deux. Je suis resté environ cinq minutes sans lui parler, pour ne pas la déconcentrer. J'ai laissé deux rivières de larmes me monter aux yeux et je suis redescendu pour récupérer Francine.

Je vidai les lieux pour la troisième étape avec des images plein la tête et d'autres à venir encore. Je me suis fait tout un cinéma en corps-à-corps avec le dragon, bien sûr, j'ai gagné et j'en ai fait de la chair à saucisse.

XXXII

Géraldine Buisson venait de parler avec ce Rosko au téléphone. Elle l'avait rencontré au hasard de quelques enquêtes. Il lui avait fait l'effet d'un gars qui va de l'avant, à la repartie vive et aux déductions intelligentes. Elle avait voulu rester en partie sur sa réserve pour ne pas induire l'enquête dans uns sens ou dans un autre.

La conversation avait duré quelques minutes, il s'était montré poliment intéressé, sans vraiment croire à cette histoire de fou. Il promettait toutefois d'approfondir. « Qu'il se débrouille après tout ! » Elle n'était pas là pour lui mâcher le travail.

C'est alors qu'elle avait levé la tête vers l'orgue superbe, qu'elle avait vu le musicien dans une position bizarre, la musique avait cessé. Les battements de son cœur s'étaient accélérés, elle était restée hébétée, interdite, sidérée. Elle se reprocha tout de suite d'avoir lâché Landrezac pour répondre au commandant Rosko.

Elle monta avec appréhension.

Le facteur d'orgues, là-haut… avait la tête couchée sur son clavier. Ce que craignait Géraldine Buisson s'était produit.

Elle envoya Conrad Turq continuer à suivre le tracteur et prévint Rosko qu'elle attendit en fumant cigarette sur cigarette, sur le parvis de la cathédrale. Il avait donné des ordres au téléphone. Bientôt, une nuée de "bleus" sécurisa les lieux, tandis que l'IJ procédait aux premiers relevés.

*

* *

Rosko se pointa. La détective privée lui apprit tout ce qu'elle savait.

— Il est où maintenant, le bonhomme ?

— Mon collègue le suit… Il ne va pas très vite, mais des cadavres jonchent sa route comme s'il en pleuvait. Qu'allez-vous faire ?

— En savoir plus… Pour l'instant, il n'y a que des présomptions.

On emporta le petit bonhomme chauve sur une civière, pour la morgue où serait pratiquée l'autopsie. Le médecin dépêché sur place avait été clair : la dent de herse plantée dans le cœur l'avait tué sur le coup. La piste du tueur en série semblait se confirmer.

Rosko revint vers la détective privée.

— Mais dites donc, à Quimper, vous n'êtes pas restée longtemps sur les lieux du crime. C'est bien vous qui avez "fait la circulation" ? Se carapater ensuite n'est pas une bonne façon de coopérer avec la police, on pourrait en tirer certaines conclusions peu avantageuses pour vous…

— Quand on est innocente, on peut se le permettre, et puis j'étais sur la trace de Jean Landrezac. Je l'ai suivi. Et…

— Et ?

— Maintenant, je suis là.

C'était une petite femme énergique qui ne s'en laissait pas conter. Sans doute n'avait-elle rien à voir avec les homicides, mais on ne peut jurer de rien…

Ce fut sur ce constat amer que Rosko prit une chambre à Saint-Pol-de-Léon, Julien Destrac le rejoindrait dans la soirée. Il était parti faire un tour à La Vraie-Croix.

En attendant, il fit le point sur l'enquête avec son homologue, le commandant Gaillard. Ils mirent tous les éléments en commun. Les témoins auditionnés dans la cathédrale avaient apporté peu de nouveautés. Ils n'avaient vu personne monter jusqu'à l'orgue, mais chacun était concentré sur la visite du monument, ne voulant rien rater. Plusieurs personnes avaient répété que, dans un tel lieu, on s'occupe surtout de soi-même.

Géraldine Buisson donna à Rosko le téléphone de Conrad Turq et ce dernier le rassura, l'homme au tracteur poursuivait son périple, ni plus ni moins pressé que d'habitude.

XXXIII

Pour m'aérer la tête, j'ai décidé d'aller faire un tour de tracteur. Cela faisait longtemps qu'il n'avait pas mis une roue dehors et il commençait à se rouiller. Sur une pancarte, j'ai vu marqué « *Château de Bonvallon* », on se trouvait vers Carantec, mais assez loin quand même, je n'avais pas envie d'une agitation de station balnéaire.

La route allait jusqu'à une grille qui était ouverte ; j'ai arrêté Bienvenu et je n'avais pas assez d'yeux pour voir les indépendances. Il m'en aurait fallu beaucoup d'autres. Une femme très âgée, à la tignasse grise, s'est amenée sur l'allée gravillonnée en faisant crisser ses pas. J'allais m'excuser d'être là et dire que je ne faisais que regarder, mais elle m'a bêlé avec une voix d'hésitation :

— Vous pouvez entrer, mon brave, si le cœur vous en dit. Les Beaumanoir ont le sens de l'hospitalité.

« Ça serait quand même pas celui de Josselin pendant le combat des Trente où il devait boire son sang car il avait soif ? »

Je l'ai suivie jusqu'à un perron avec trente-six marches. Le château avait deux tours qui encadraient le bâtiment et trente-six fenêtres. Y'aurait eu de quoi se perdre dans le nombre de pièces.

C'est là qu'elle s'est mise à me tutoyer :

— Tu t'es occupé du jardin ?

« De quel jardin ? » Elle devait confondre.

— Quand tu auras fini, tu pourras rentrer le bois pour l'hiver.

— Oui, Madame.

Je commençais à comprendre qu'elle avait complètement perdu la tête. Mais bon, elle n'était pas dangereuse, même pas peur !

Elle m'a fait asseoir sur un banc à une longue table rectangle. Et elle est allée chercher des cerises à l'eau-de-vie dans une armoire qui grinçait. Le pire, c'est qu'elle a ramené un bocal et elle l'a posé sur la table. Quand elle a vu qu'elle s'était trompée, elle est allée en chercher un autre, mais elle avait laissé le premier là devant moi et j'étais tellement étonné que je n'ai pas cru mes yeux tout de suite. Mais après, si… Deux yeux me regardaient dans un liquide jaune et pas très propre. J'étais hypnotisé comme devant un serpent.

— C'est Georges il est mort à la guerre.

— C'est qui Georges ? j'ai demandé comme ça.

— C'est mon mari, il est mort à la guerre. Ah non, je me trompe, c'est Charles, mon fils. Georges, je ne le sors jamais du placard, car il est fainéant comme une libellule.

— Vous ne voulez pas dire que…

— Il a de beaux yeux, non, Charles ?

J'ai essayé de regarder les yeux en coin, mais j'avais envie de vomir, de rendre mon estomac.

— Il va falloir que tu ailles chez les gendarmes, car quelqu'un l'a tué.

— J'en viens justement, ils ne m'ont rien dit à propos.

Quand on ne connaît pas les règles du jeu, il faut entrer dedans en faisant le dos rond et, des fois, on peut avoir la chance des débutants et gagner le gros lot, c'est ce que disait mon institutrice.

— Je suis sûre que c'est cette saleté de Juliette. Juliette, elle est méchante comme un hibou, elle vient dans ma chambre la nuit pour me tirer par les pieds. Un de ces jours, si personne ne fait rien, elle va me tuer aussi. Tu me défendras, toi ?

J'avais cru comprendre que c'était du personnel de dans le temps qu'elle se rappelait, quand elle était jeune, de toute façon, il ne fallait pas la contrarier, comme un somnambule en plein sommeil. J'ai dit :

— Bien sûr, Madame.

— Ouais, ben t'as pas l'air très costaud. Et puis t'es jeune encore, on t'appuierait sur le nez y'aurait encore du lait qui sortirait, c'est ce que dit mon papa qui se promène dans le jardin.

— Soixante passés !

C'était plus fort que moi.

Du coup, je me suis rendu compte que j'avais la soixantaine et quand on y pense, on vieillit plus vite. Elle a continué de parler et je répondais toujours à côté de ce qu'elle me disait. Mais elle semblait contente de parler avec moi. À un moment, une cinquantaine bien habillée est arrivée, Yvette.

— J'espère que Madame la comtesse ne vous a pas ennuyé avec ses histoires. Je suis l'aide-ménagère, j'étais partie en courses.

Et elle m'a montré un sac énorme plein de victuailles. Et tout bas :

— Alzheimer.

Je savais que ça existait, le père Jules m'en avait parlé, mais ça n'est pas pareil quand on n'en a pas de ses yeux vu. Du coup, je me suis dit, heureusement Francine n'a pas attrapé ça, je n'aurais pas su quoi faire avec, elle n'a eu que le cancer. Moi si j'atteignais cette saloperie, je ne vois pas qui ferait l'aide-ménagère. Il ne me resterait plus que la maison de retraite et ça, je n'y tiens pas beaucoup…

— Elle garde les yeux de son mari et de son fils ? j'ai questionné Yvette.

— Mais non, ce sont les yeux de son chien et de son chat qu'elle conserve dans du formol, elle a tenu absolument à les avoir sous la main, mais comme elle n'avait déjà plus toute sa tête…

J'ai dit poliment au revoir à tout le monde et je suis remonté sur mon tracteur en me disant que derrière les portes des châteaux, il se passe d'aussi drôles de choses que dans les longères. On vieillit partout pareil, il faut bien vieillir de quelque chose, et ce ne sont pas des murs ou des grilles qui peuvent nous protéger de cette maladie.

*
* *

C'est en revenant du château – j'avais laissé Camembert dans la cabine de la dépanneuse – que j'ai trouvé mon chien crevé... mort. Je me suis tout de suite houspillé, il avait dû étouffer avec cette chaleur. Quel imbécile, j'avais fermé les vitres !

Je lui ai fait un massage cardiaque et je l'ai embrassé sur le museau, comme je l'ai vu faire sur Arte. Mais il ne bougeait plus ni rien. Et j'ai vu l'*Ankou* pour les chiens arriver et ramasser son âme dans sa charrette. Je ne pouvais rien faire pour le sauver. La faucheuse vient prendre les cadavres, cette saleté de squelette pique tout ce à quoi on tient. Je massais avec énergie, en désespoir, quand un souffle de vie est revenu sur mon chien. Il s'est réveillé au quart de tour et il s'est relevé sur ses quatre pattes. J'avais accompli un miracle. Sur le moment, je me suis dit : en suivant ce foutu chemin du *Tro Breizh*, y'a plein de choses agréables qui arrivent. Mais je me suis traité d'imbécile, ces choses-là ne sont que des coïncidences. Pourtant, il était bien vivant, il a remué la queue pour se remonter et voir si tout fonctionnait, il m'a léché les joues et je l'ai laissé faire ce sacré Camembert revenu d'entre les morts d'où, d'ordinaire, on ne revient pas.

Je pense que les bâtards ont la peau plus dure que les autres, parce qu'ils ont dû se bagarrer davantage pour arriver là où ils sont. Comme ce ne sont pas des pure race, ils doivent faire beaucoup d'efforts pour prouver aux autres qu'ils existent. Ce chien, pas plus haut que trois pommes, habitué à courser les vaches, a musclé ses pattes pour s'enfuir de devant les molosses, et son cœur pour ne pas attraper des émotions trop vives, il préfère vivre calmement. Il s'est fortifié et est devenu un chien éternel qui nous enterrera tous, « Francine, tu n'es pas près de le voir débouler au paradis auprès de toi ! »

Je n'ai pas huché dessus quand il s'est mis à aboyer après un écureuil, car c'était pour dire qu'il était revenu d'entre les morts et qu'il préférait les courses dans la lumière du jour après des bêtes ou des feuilles envolées. Car même si la vie est souvent un calvaire, c'est toujours mieux que lorsqu'elle disparaît. Et Camembert pensait la même chose là-dessus, j'ai pas honte de dire qu'on se rejoint sur les choses essentielles avec mon chien.

XXXIV

C'était un petit hôtel sympa, style année trente, tenu par un couple approchant de la retraite. Rosko s'y était senti à l'aise tout de suite. Ils lui avaient en plus proposé des moules-frites et ça, c'était le prendre par les sentiments. Il n'était venu qu'une fois à Saint-Pol, avec une petite poule échappée de la basse-cour de ses parents et à qui il avait appris les premiers plaisirs. Elle picorait bien, la cocotte, elle lui avait mangé dans la main. Ils en avaient profité pour "faire" les Abers et ça, y'a pas mieux pour se dégourdir les jambes. Ils avaient fini dans un gîte à Plounéour-Trez, et ils avaient pêché des coques et visité des enclos paroissiaux.

Bref, il prenait tout juste un cocktail de fruits avec cacahuètes, qu'arriva Julien Destrac, son adjoint revenu de La Vraie-Croix. Il commanda « La même chose ! », plus une anisette.

— Alors qu'as-tu appris ?

— D'abord, y'a eu une main courante. De… attends, j'ai noté là, la mère… Francine Landrezac.

— Tiens, tu m'intéresses. Qu'est-ce qu'elle avait comme reproches ?

— Son mari… son mari avait menacé de la tuer. On a classé le "jus de chique" sans suite, après une rapide enquête de la gendarmerie. Apparemment, le Jeannot avait bu et quand on boit…

Ils burent. Rosko commanda une bouteille de jus de pomme en affirmant que ça relevait le goût des moules, ce que ne confirma pas son adjoint qui aurait préféré du champagne.

— Ça confirmerait les dires de la petite Géraldine, dit-il en montrant sa hauteur d'une main à plat, pour ironiser sur le physique de la détective, ce qui ne lui ressemblait pas.

— T'as trouvé où il crèche ?

— À La Vraie-Croix, on en fait vite le tour, il habite une ancienne ferme, Le Minio à l'orée du village.

— C'est pas dans une chanson de Brassens ?

— *La chasse aux papillons*.

— T'es un drôle, toi.

— Tu m'inspires.

— Alors *Vera Cruz* ?

— Chez Armand, tu apprends tout, même que sa femme s'est tirée avec un client de passage, il m'en a raconté sur elle…

— C'est pas ce que je te demande.

— Ben, le Jeannot, il tète bien et il est même barré plus que de coutume. Figure-toi qu'il s'est mis en tête de faire le Tro Breizh, tu sais leur "truc" breton, mais ni à pied, ni à cheval… en tracteur.

— C'est pas un "truc", c'est le tour de Bretagne, un peu le pèlerinage à La Mecque des Musulmans.

— Donc il est parti avec Francine, c'était sa femme, sous le bras, dans un cadre, et il paraît même qu'il lui parle.

La taulière leur apporta une énorme assiettée de

mollusques et patates. Rosko fit le silence quelques minutes, il dégustait, c'était sacré, il remercia les moules, puis il leva son verre et trinqua avec son second. Ce n'est qu'après, qu'ils reprirent la conversation.

— Y'a du bizarre dans tout ça, ça cloche énormément, va falloir trouver quoi, mon bon Julien. Demain dès l'aube, je le rattrape et je l'interroge. Quant à toi, tu retournes à la boutique et tu me dégotes tout ce que tu peux sur ce gus, de sa première quenotte à ses relevés bancaires. Je vais essayer d'obtenir une commission rogatoire auprès du proc'. Fais-toi aider de Lombard.

— Ah non, pas Lombard, je préfère agir seul.

— Comme tu voudras.

Le Lombard en question bégayait et il mettait des heures à aligner trois mots, le lieutenant préférait ne pas s'encombrer.

— Quant à moi, je vais voir ce que ce Jeannot a dans le ventre et pourquoi son beauf croit qu'il a tué sa femme.

Ils continuèrent à manger et à boire une bonne partie de la nuit, jusqu'à ce que les vieux ferment les volets de leurs yeux et aillent dormir. Ils les laissèrent en salle devant une bouteille de lambig pour Destrac, un sirop de poire pour Rosko.

XXXV

Conrad Turq suivait toujours le tracteur en direction de Morlaix, fidèle pisteur. Géraldine Buisson réussit à entrer au château de Bonvallon pour glaner de nouveaux renseignements.

Plus qu'un château, il s'agissait d'un manoir enfoui dans un écrin de verdure. Elle fut reçue par Yvette Leborgne, la femme à tout faire, qui se laissa facilement aller, tant les visites étaient rares. Deux en quelques heures, c'était inespéré.

— C'était un drôle d'individu, ses yeux fouinaient partout. Je suis arrivée un peu tard, et je ne sais pas trop ce que lui a dit la patronne, mais elle raconte n'importe quoi et je ne sais pas quel plaisir il a trouvé dans sa conversation.

— Vous l'avez jugé comment ?

— Spécial !

— Mais encore…

— Trop poli pour être honnête. Je ne sais pas ce qu'il voulait à la vieille. Je ne lui confierais pas mes économies !

Yvette minauda. Avait-elle subodoré que Géraldine était attirée par les femmes ? Elle voulut lui préparer un café, la détective demanda un thé, ce qu'elle n'aurait pas dû faire, car l'employée renversa le pot de miel sur les vêtements de Géraldine que celle-ci dut enlever. Elle se retrouva en slip et soutien-gorge dans la grande salle du "château", les ancêtres mâles au mur n'avaient jamais dû être à pareille fête. Yvette se glissa tout contre elle, nullement gênée de ses intentions. C'était une femme au corps sec comme un pied de vigne, le visage à l'avenant, le regard inquisiteur. Géraldine Buisson eut du mal à se sortir de cette situation embarrassante.

— Sans vous commander, ne pouvez-vous pas aller chercher ma valise dans le coffre de ma voiture ?

Elle lui donna les clés. L'autre revint au bout d'un quart d'heure. Géraldine se rhabilla, la remercia et retourna à son véhicule, pour constater que les quatre pneus étaient crevés. Yvette n'avait pas supporté d'être repoussée.

— Les salopiots ! C'est la bande de l'étang aux colverts, ils font toutes les bêtises possibles ! s'écria la bonne, perfide.

Géraldine n'en crut pas un mot, Yvette aurait sans doute voulu qu'elle passe la nuit au manoir. La détective avait trop peur des fantômes et surtout des empressements de l'hôtesse. Elle appela Conrad Turq sur son portable pour qu'il vienne la chercher quand Jean Landrezac aurait bivouaqué. Elle prétexta de découvrir le parc en attendant, pour ne pas subir les assauts de la chaude hôtesse.

XXXVI

Morlaix est un port où on doit passer dans du bocage pour y arriver ; la ville se cache, la vilaine, entre trois collines, et elle a semé des maisons à étages sur les bords de sa rivière. Un immense viaduc coupe la poire en deux. Pour me changer des bretonneries, c'était le dimanche et y'avait un pardon. Je me suis dit, je vais le suivre pour voir jusqu'où on peut aller. Car j'étais tellement baigné dans le *Tro Breizh,* que je voyais de la religion partout. Chez nous, au Minio, on a un pardon une fois par an à la chapelle de saint Roch et saint Cado. Un jour, Francine m'y a traîné. Des costauds portent le saint sur un établi, jusqu'à une fontaine, celle de "Miséricorde", et chacun jette des pièces dedans, en faisant un vœu qu'il note sur un papier et l'accroche sur un mur de la fontaine. Quelqu'un récupère les pièces, mais ça reste secret. J'ai vu de drôles de choses écrites : « *Merci pour la copine que j'ai trouvée* », « *Merci pour mes bêtes qui ont été sauvées* », « *Merci pour mon patron qui m'a donné une augmentation* », « *Merci pour ma cuisine équipée…* » Après, on est allés, en procession, avec certains qui portaient le drapeau breton, le *gwen ha du,* jusqu'à la chapelle des saints où tout le monde a prié en communion.

À Morlaix, c'était pareil, sauf que le saint était Maclou, comme les tapis. La foule était noire de monde, accompagnée par trois abbés ou curés du diocèse et ils avaient tous l'air de croire à ce qu'ils faisaient.

J'avais amené Camembert, ravigoté, avec moi, mais je l'ai porté pour qu'il n'aille pas mordre les guiboles des croyants. Même si je n'y crois pas, ça se respecte, mais les chiens ne respectent pas les mêmes choses que nous, ils ont des croyances différentes, on ne mélange pas les âneries avec les bêtises humaines. Tout le monde a fini ici aussi dans une chapelle, mais comme il n'y avait pas assez de place, la moitié était dehors avec nous, je préférais ça car un accident est vite arrivé. Ça m'a fait penser aux pèlerinages des Musulmans, où des fois, leur Dieu, pour leur donner des épreuves, provoque des centaines de morts. Eh bien, vous croirez pas, ceux qui survivent le remercient de les avoir laissés en vie. Moi j'y verrais plutôt les méchancetés du Diable.

J'imaginai les syndicats des dieux ou des diables où ça doit discuter ferme pour obtenir des meilleures conditions de travail ou des augmentations de salaire.

*

* *

J'étais aux alentours de Lanmeur et je roulais sur un terrain assez désertique avec des landes, des petites plantes rabougries, autour d'un champ de mégalithes, comme à Carnac. J'ai décidé de bivouaquer là, car la nuit commençait à tomber. Ça servait à quoi ces pierres ? J'ai lu un tas de trucs là-dessus, mais on n'est sûr de rien. Moi, je pense qu'ils ne savaient pas quoi faire de leurs dix doigts, alors ils transportaient des grosses pierres, poussés par leurs femmes qui leur disaient de s'activer et, comme c'était le calme plat dans leur vie, ils faisaient ça comme ils auraient fait autre chose. C'étaient des gros cons qui transportaient des grosses pierres. Et là, Francine s'est amenée sur la pointe des pieds et elle m'a enguirlandé, car il ne faut pas se moquer des traditions, c'est nos fondations…

J'ai imaginé une chiée de korrigans, les petits lutins de chez nous, à la lune, le cul en rond comme des lapins, qui venaient se moquer de nous sous les étoiles et qui tournaient autour des menhirs.

Moi, j'ai transpiré à enlever toutes les pierres de mes champs, parce que ce n'est pas bon pour la culture. Je les mettais en tas en haut des sillons et je me faisais mes mégalithes à moi. Je me disais, depuis qu'on est sur la terre, y'en a qui passent leur temps à charrier des pierres et d'autres à les faire pousser. Les hommes ne savent que faire et défaire sans pitié.

Tenez, c'est comme les guerres avec les bombardements, pour reconstruire, ça donne du travail à des générations, même si les bâtisseurs ne sont pas payés bien cher.

À un moment, je me suis mis à écouter le silence et ce n'est pas si silencieux qu'on le dit, il est peuplé du bruit des petites bêtes qui profitent qu'il fait noir pour sortir de chez elles, car le jour, on les écrase. Et je me suis dit, tous ces habitants-là, ils ont eux aussi le droit de vivre. Ce n'est pas parce qu'on se prend pour des gens importants qu'on l'est. Chacun a une place ici-bas, les petits et les grands, les maigres et les gros, les noirs et les blancs, les croyants et les incroyants et, de toute façon, au bout du compte, on finit tous de la même façon. Mais les hommes, c'est bien simple, ils croient avoir tous les droits. Un de ces jours, ils vont se faire remettre en place…

XXXVII

Conrad Turq, l'apprenti détective, leur avait précisé où s'était arrêté Jean Landrezac : sur une friche, non loin de Lannion.

Le voyageur dormait tranquillement dans un duvet à même le sol, lorsque le commandant Rosko et le lieutenant Julien Destrac débouchèrent dans son périmètre de vision. Il se frotta les yeux, s'étira, tandis que le chien Camembert s'était mis à aboyer furieusement.

— Dites-lui de se taire !

— Oh, mais c'est pas moi qui décide, il est assez grand.

Devant la détermination policière, Jean Landrezac calma son chien qui alla pisser près d'un buisson.

— Que faites-vous là ? demanda candidement Rosko.

L'autre ne comprit pas la question, « Est-ce un terrain privé ? » Il voyait d'un mauvais œil l'intrusion de ces deux olibrius dans son espace vital.

— C'est à cause que mon tracteur n'était pas en règle ?

— Y'a de ça, fit Destrac.

— Et bien d'autres choses encore, enchaîna Rosko.

— J'ai rien fait de mal.

— Faut voir…

Le cadre de sa femme était posé non loin, Rosko s'en saisit avant qu'il essaie le moindre mouvement.

— Votre femme ?

— Francine… Je lui fais faire un tour, il rit à pleines dents, le *Tro Breizh*, vous connaissez ?

— Je connais, mon collègue aussi, hein, Julien, tu connais ?

— Y'a pas de mal à ça !

— On s'est laissé dire qu'elle avait fait une chute mortelle dans l'escalier…

— Les nouvelles vont vite, surtout les mauvaises.

Une ombre passa sur le visage du veuf. Il rassemblait des souvenirs douloureux.

— Elle était malade et…

— Et vous avez abrégé ses souffrances ?

— Ça va pas, non ?

— Mais on peut le comprendre monsieur Jean Landrezac, moi-même, dans votre situation… toi pareil… hein, Julien ?

— Quels étaient vos rapports ?

Julien Destrac trouvait la situation surréaliste, le climat, l'ambiance, il n'avait jamais mené une audition dans ces conditions.

— Plus beaucoup à cause de l'âge.

— C'est pas ce qu'il vous demande… Vous ne l'aimiez plus beaucoup, votre Francine…

— Ah, vous la connaissez ?

— Par ouï-dire… Elle vous secouait les puces, vous empêchait de boire, tenait les cordons de la bourse, bref, elle allait compliquer votre retraite.

— Nous étions dans la tendresse et j'aurais jamais pu lui faire de mal.

Julien Destrac sortit alors une photocopie de la main courante, qu'il lut :

— « *Ce jour, le 3 avril 19… etc. etc. je viens porter plainte contre mon mari qui a le vin mauvais, il serait bien capable de me tuer…* »

— Elle a écrit ça, Francine ?

— Non, le gendarme qui a recueilli sa plainte, mais ce n'est pas le principal.

— Le principal, reprit Rosko, c'est qu'elle vous accuse d'avoir voulu la tuer.

— La maladie lui bouffait le cerveau et ce qu'il y avait dedans, les derniers temps, je ne vois que ça, il n'y avait pas plus gentil que moi avec elle. Voyez, je continue à lui faire plaisir, tout seul, je n'aurais jamais entamé ce voyage.

— Elle passait beaucoup de temps dans les églises.

— Pour sûr, elle croyait à toutes les bondieuseries et aux curetons.

— Vous n'étiez pas jaloux ?

— De ce côté-là, avec eux, on est tranquille, ils ont fait vœu d'abstinence de la quéquette.

Les policiers se retinrent de rire.

— Vous êtes donc parti de Vannes, vous êtes passé à Quimper, puis à Saint-Pol-de-Léon…

— …

— On attend le quatrième.

— Le quatrième ?

— Mort.

Rosko le regarda étrangement, Jeannot ne savait plus où se mettre.

— Y'en a eu tant que ça… Vous croyez quand même pas ?

— Je crois ce que je vois. À chacun de vos passages, on trouve un mort, ça vous paraît pas bizarre ?

— Y'a plein de choses bizarres qui se passent depuis mon départ sur le *Tro Breizh*, mais j'ai promis à Francine et je continue vaille que vaille !

— Vous vous êtes rendu dans la cathédrale de Saint-Pol-de-Léon, n'est-ce pas ?

— Ben oui.

— Vous êtes monté voir l'orgue ?

— …Et l'organiste.

— Il jouait si bien.

— Ouais, c'était un bon.

— Maintenant, il joue moins bien, il est mort.

— Ah j'ai pas su qu'il était malade.

— Vous êtes un drôle, vous !

— Pas tant que ça, mais j'essaie de tirer le plus d'amusement dans ma vie de patachon, faut pas se beurrer de tristesse.

— Peut-on fouiller votre… tracteur, votre remorque et la dépanneuse ?

— Je n'ai rien à cacher.

C'est ce qu'ils firent pendant un bon quart

d'heure, à la recherche de l'arme du crime, ils ne trouvèrent rien. Rosko appela le substitut du procureur, Ludovic Boteron, qui était de permanence, ce dernier lui demanda de laisser le suspect aller son chemin. Ils n'avaient rien de concret ni de nouveau, le préfet était en négociation avec certaines organisations paysannes. Ils durent laisser cet homme atypique poursuivre son bien curieux voyage.

XXXVIII

Ces deux flics m'avaient complètement tournebou-lé, ils m'empêchèrent longtemps de tourner rond. C'était à cause de Francine aussi, à la fin, elle n'était plus elle-même, c'était le crabe qui la rongeait. Comme si j'avais l'air d'un assassin ! Je ruminais toutes ces mauvaises choses dans ma caboche et je me demandais si, en fin de compte, elle méritait que je lui fasse faire le tour de Bretagne. Mais mon bon sens reprit le dessus et mon caractère optimiste. J'en-voyais toutes ces tristesses balader.

Je m'approchais de Plestin-les-Grèves et de Loc-quirec, donc une nouvelle fois de la grande bleue et j'ai pensé à ma vie de patachon, comme j'ai dit au docteur, euh… au commissaire.

Je n'ai pas fait d'études et je le regrette beaucoup, c'est avec la culture et pas que l'agriculture que les gens avancent. Moi je ne suis pas très bien avancé. « Maman, ça m'a manqué, tu aurais dû me pousser à apprendre », parce qu'on est de nature feignante comme les poux qui sont lentes à la détente. Je vou-lais devenir vétérinaire, mais il n'y avait pas assez d'argent à la maison. Papa était maçon-cimentier, alors je restais chez nous avec ma petite mère qui boitait, à cause de la hanche des Bretons qui est souvent frappée d'alignement. J'ai pour ainsi dire été élevé par mes grands-parents dans leur ferme et j'y suis encore.

Je suis resté puceau jusqu'à Francine. Et ça, plus le manque d'études, ça ne m'a pas très dégourdi. On voit bien dans les conversations avec ceux qui en ont appris des tartines, ils te clouent le bec et vont chercher des choses dans leurs leçons, que tu ne sais pas d'où ça sort. Alors, tu te trouves si bête, que tu n'oses même plus parler. Et c'est comme ça que tu progresses encore moins. Les autres, ils se nourrissent avec leurs savoirs et les échanges avec leurs copains étudiants, moi, j'ai du mal à échanger mes conditions.

Après, j'ai voulu rattraper mon retard avec le *Paysan breton, Ouest-torch* et la "tévé", mais tout ce que tu n'as pas appris ne te vient pas. C'est un peu comme les handicaps avec les chevaux du tiercé, ça veut égaliser les chances, sauf que tu n'arrives jamais dans les trois premiers, même pas dans le quinté. Quand tu es né cheval de labour, il faut labourer et regarder au loin les pur-sang. Lamy, je l'aimais bien, mais je n'aurais pas pu lui faire faire des courses, il ne pouvait réussir que dans les champs, avec la boue qui nous emmerdait tous les deux. Dans ces conditions, tu peux bien apprendre le dictionnaire par cœur, tu n'arriveras jamais à assembler les mots les uns avec les autres pour faire de jolies phrases. J'ai toujours regretté de ne pas avoir appris plus loin que le bout de mon nez, car plus on est cultivé et moins les autorités peuvent nous mener à la baguette. Moi, ils me gouvernent comme ils veulent, je n'ai aucun moyen de défense. Je le dirai à mes petits : Même si ça vous fait suer, apprenez le plus d'instructions possible, il vous en restera toujours quelque chose et surtout, vous serez plus libres que les autres. »

Avec ces pensées "gaites" qu'à moitié, je suis arrivé à Locquirec, à la frontière des Côtes-d'Armor, qui est un petit bled charmant sur un balcon rocheux, avec des plages tant que tant, où j'ai vu cent bateaux et mille poissonniers. Il faisait très doux dans l'atmosphère et l'iode m'a rempli les poumons. Sur le sable, marchaient un tas de pêcheurs à pied, encombrés de seaux et de pelles, qui voulaient vider la mer. Je n'ai pas suivi le chemin des douaniers qui fait le tour de la presqu'île, car je me suis dépêché d'arriver dans les Côtes-d'Armor pour me rapprocher de mon Morbihan.

*
* *

Lannion – 22, les voilà ! – c'est une très grande ville au bord du Léguer, une rivière qui chante avec ses fleurs et ses papillons. Dessus, j'ai vu des canoës ou des kayaks, avec des costauds qui ramaient pour faire avancer leur barque. Il m'est arrivé une autre aventure. Je marchais dans la vieille ville ; après le pont de Kermaria, je suivais l'allée des Soupirs où des amoureux se bécotaient sur les bancs publics, quand j'ai vu un attroupement. Y'avait un tas de badauds qui écoutaient quelqu'un qui causait bien en boniments de toutes sortes. Vous le croiriez pas, c'était un Druide ! Moi, je pensais que les Druides vivaient au temps des Gaulois et qu'ils avaient complètement disparu, qu'on allait cueillir le gui tout seul dans les pommiers, pour le mettre sur les murs de la maison en porte-bonheur, comme au Premier mai pour le hêtre. Eh bien, pas du tout, il nous a dit qu'il en restait plusieurs mille en France.

À Brasparts, dans les monts d'Arrée, ils ont des cérémonies, mais quand j'y suis passé, je n'ai pas vu la queue d'une. Ils mettent des habits exprès pour et ils prient la nature pour qu'elle vienne à leur aide, un peu comme les écolos qui envahissent la tévé.

Curieux comme tout, j'ai pris une de ses cartes de visite qu'il lançait comme des confettis, avec son nom et son adresse marqués dessus, on ne sait jamais, y'avait tellement de trucs étranges qui m'arrivaient pendant ce voyage qu'un nouveau était dans la possibilité.

Je me suis dit, je vais montrer ça au père Jules et il pourra lui téléphoner pour partager leurs petits secrets sur les remèdes de cheval, l'avenir à prédire et toutes sortes de choses qui nous dépassent. Lui aussi, c'est un docteur qui en connaît long sur les maladies et qui sait les guérir, rien qu'en disant des

mots qu'on ne comprend pas. Chez lui, il y a toujours une file avec des gens qui attendent depuis très
tôt. Ils ont tellement d'espoir qu'ils ne rechignent
pas quand il faut lui allonger des billets. La santé,
c'est quelque chose de sacré, on est prêt à payer des
prix fous quand on n'a pas les moyens, car c'est le
bien le plus précieux. On oublie qu'on est mortel et
on veut en rajouter le plus possible aux années.

Le bonimenteur n'arrêtait pas de parler et les
gens écoutaient, car ils n'avaient rien de mieux à
faire. Il disait qu'il avait monté une école et que tout
le monde serait les bienvenus. Moi, ça m'a fait penser à une secte et je me suis méfié avec mon naturel.
Certains veulent t'enrôler dans leur armée et après,
tu te retrouves avec un fusil dans les mains et tu es
obligé de tirer sur tes frères. Celui-là avait l'air honnête, jusqu'à ce qu'il fasse la tournée des popotes,
en tendant un chapeau pour faire la quête. La magie
des Druides en a pris un coup derrière la casquette,
mais il faut bien qu'ils mangent aussi, ces gars-là, et
pas que de la soupe de gui qui est indigeste.

XXXIX

Rosko avait toujours été admiratif des Techniciens en Identification appartenant à la cellule d'investigation criminelle, et celle de la gendarmerie de Quimper ne dérogeait pas à la règle. Ils étaient d'une aide précieuse pour les enquêteurs. Il les avait vus intervenir une nouvelle fois à Saint-Pol-de-Léon. Ils avaient trouvé la voiture du mort à proximité – le facteur d'orgues – et désiraient découvrir si elle ne recelait pas quelque indice primordial pour l'enquête ; celui-ci habitait une bourgade voisine et voyageait en Toyota Verso. L'équipe avait fait le tour du véhicule, relevé le numéro d'immatriculation, le numéro de série, celui de l'assurance. Ils avaient pris des photos. Ils étaient tous vêtus d'une blouse blanche, munis de gants et d'un masque. Plus le nécessaire à prélèvements de sang, de sperme, de salive. « On doit faire parler cette voiture ; si elle a quelque chose à dire, elle le dira. »

Des as de l'écouvillon ! Les prélèvements étaient conservés dans des enveloppes en kraft scellées. Tout allait transiter ensuite par le laboratoire.

Rosko avait été intéressé d'apprendre qu'on n'utilisait plus le "Luminol" pour révéler les traces de sang, mais le "Bluestar" qui est plus fiable, car ne détruisant pas les traces d'ADN.

La scène de crime avait été ainsi minutieusement étudiée, mais pour l'instant, n'avait rien révélé. Il ne pourrait pas utiliser leurs services pour le tracteur de Jean Landrezac, celui-ci n'étant pas encore directement impliqué officiellement dans les crimes en série. Rosko ne doutait pas que cela puisse se faire un jour.

XL

J'avais parcouru quatre kilomètres depuis Lannion, quand, dans une côte, voilà que la dépanneuse montre des signes de fatigue, puis elle ne voulut plus rien faire et décida de s'arrêter net. Elle commençait à en avoir assez de toujours voyager, je suppose. Elle avait besoin d'être dépannée, ce n'est pas parce qu'on est docteur qu'on n'attrape pas des maladies. Je n'ai fait ni une ni deux, j'ai descendu Bienvenu, le tracteur, je les ai harnachés l'un à l'autre et je l'ai fait tirer sur le plateau à roues. J'avais parlé avant avec Bienvenu pour qu'il prenne les choses à cœur :

— Tu n'auras que quelques kilomètres à tirer avant de lui remonter sur le dos.

C'était une sorte de négociation syndicat-patron. Il a amené sa tâche à bien, *gast*, comme un Massey Fergusson tout neuf. Et encore, je ne sais pas si un neuf aurait fait mieux. Il nous a ramenés tranquilles comme Baptiste à Lannion où j'ai trouvé un garage à dépanneuse. Le garagiste était un type qui râlait tout le temps.

— Ce doit être une bielle, j'aurai la pièce que dans une semaine.

J'ai discuté avec lui, mais il comprenait moins

bien que Bienvenu. J'ai fini par lui dire qu'il n'avait qu'à appeler son collègue du Pays Bigouden et Louison a réussi à le convaincre de mon bien-fondé. Loulou était tellement ancien dans le métier qu'il lui a tout expliqué au téléphone ce qu'il fallait faire. Francine dit que c'est dans les vieux pots qu'on fait les meilleures soupes.

Il m'a dit qu'il lui fallait deux heures au moins pour tout rafistoler, du coup, ça m'a dit d'aller en taxi voir la Côte de Granit Rose, vers Trégastel et Perros-Guirec : « deux stations balnéaires réputées », m'a soufflé le chauffeur.

Les landes descendaient vers la mer en pente douce et on arrivait dans des criques au milieu de nulle part, avec un tas d'îles flottantes. On domine souvent des petits ports de pêche qui nous invitent, mine de rien, à aller s'y balader. Les routes étaient étroites et le chauffeur faisait très attention. On était en fin d'après-midi et les couleurs allaient du rose au bleu dans le soleil couchant.

— Trégastel, là-bas. Voyez les rochers en forme d'animaux, on vient de partout pour les voir. En face, l'archipel des Sept-Îles, une réserve ornithologique avec le célèbre macareux – la mascotte – des fous de Bassan et même des phoques.

La côte était semée de grosses pâtisseries en pierre, genre choux à la crème mais d'un rose marron.

— Si vous suivez le sentier des douaniers, vous en verrez d'autres et vous irez de surprise en surprise.

— Vous devez voir la vie en rose ici, alors ?

Il ne dit ni oui ni non, il était payé pour faire les courses, et pour lui, c'était le principal. Tout de même, ici, c'était plus beau qu'ailleurs, mais pour apprécier les paysages, il ne faut pas toujours avoir le nez dessus, c'est souvent les visiteurs qui vous font remarquer ce que vous avez sous les yeux.

*

*   *

De retour au point de départ, le taxi m'a laissé à la hauteur de Bienvenu. Je fais quelques kilomètres et je vois un mec arrêté au bord de la route, la tête fourrée dans le moteur de sa voiture. La panne quoi ! *Gast* ! Ça m'a rappelé moi plus tôt, avec la mienne. On est plus serviable quand on est passé par là.

J'ai pilé et je lui ai dit :

— Si vous voulez, je peux vous "monter".

Il m'a répondu que ce n'était pas de refus, que ces saletés de bagnoles etc. et ainsi de suite.

C'était un monsieur bien habillé qui n'avait pas l'air de s'y connaître en mécanique, mais c'est automatique, quand y'a un pet de travers, on soulève le capot. Après, les gars qui ne se salissent pas les mains font comme les chirurgiens, devant l'ampleur des dégâts, ils referment le tout. Il était sapé comme un prince, d'un costard-cravate et d'une chemise blanche à frous-frous, pas vraiment la tenue pour tripatouiller dans le cambouis. Il nous a regardés bizarrement, moi, mon short et mon tee-shirt BZH. Mais bon, sympa, il a engagé la conversation. Je lui ai expliqué que j'étais en panne de dépanneuse, ce qui fait toujours rire.

— Alors vous remontez sur Lannion en tracteur ?

— Je veux, mon n'veu !

— Merci encore de me prendre dans votre… taxi.

Après, on a causé du temps, comme souvent quand on ne se connaît pas, c'est pour se sentir et voir les dispositions de l'autre et, après qu'on s'est vus sans mauvaises intentions, il m'a posé une question bizarre :

— Vous aimez la musique ?

Moi à part Brel, c'est Sonerien Du, Tri Yann, Alan Stivell ou la radio, et j'ai des disques de *kan an diskan* et surtout d'accordéon.

J'adore l'accordéon eu égard à mon grand-père ; d'artiste français, je n'ai que Brel pour moi, Johnny, c'était l'idole de Francine. C'est bien simple, elle adorait deux personnes en « i », à part moi en o : Johnny et Sarkozy. Mais je ne savais pas si je pouvais lui dire ça au monsieur costumé et cravaté comme il se devait, je n'avais pas envie de passer pour un demeuré. Et souvent, on est dans des situations où on nous prend pour… J'ai répondu comme j'ai pu :

— Ça dépend.

Il a eu des airs contrariés.

— Il n'y a pas besoin de connaître, vous savez, pour apprécier. Tenez, prenez un tableau, on peut ressentir une émotion particulière sans avoir appris les différentes techniques de la peinture.

Moi j'aime bien celui que Francine a accroché à la maison, ça représente une scène de chasse avec une meute de chiens. Mais il avait raison, ne me demandez pas pourquoi j'aime ce tableau, d'autant que je n'apprécie pas les chasseurs qui piétinent nos récoltes et mettent du plomb dans l'aile de la nature.

Et il a continué :

— Il faut laisser la musique vous envahir, elle vous transporte vers des rivages inconnus.

J'ai tout noté sur mon cahier, tellement il causait bien, le bougre d'animal avec ses vêtements du dimanche, et j'avais du mal à le suivre, à concentrer mon attention sur ses mots, mais c'était peut-être les vibrations du tracteur…

— Je vous demandais ça, car comme vous m'avez rendu un service, je vous dois une fière chandelle et je voudrais m'acquitter en vous en rendant un aussi.

— Ce n'est pas la peine…

Francine disait toujours : « Pour ne pas être déçu quand tu donnes, n'attends rien en retour. » Ce n'était pas parce que j'avais monté quelqu'un qui était sur le bord de la route, qu'il me devait quelque chose. C'est ce que je lui ai répondu :

— Vous ne me devez rien. On m'a toujours appris qu'il fallait aider son prochain ou sa prochaine et pas la prochaine fois, mais tout de suite.

— Ce n'est pas une obligation pour moi, c'est quelque chose qui me fait plaisir. Je suis chef d'orchestre et j'aimerais que vous assistiez au concert que je donne ce soir à Lannion…

Boudiou, *gast*, dame… Je passais tous mes gros mots en revue, car j'en serais tombé le cul par terre si je n'avais pas été arrimé au volant ! Je n'avais jamais vu un concert de ma vie. Je savais bien que ça existait, Francine voulait assister à celui de Johnny avant qu'elle meure ou lui, mais il ne vient pas souvent en Bretagne. Il doit avoir l'impression qu'on n'écoute que de la bombarde et du biniou et pas de guitare électrique.

J'ai ramené le chef jusqu'à la salle de spectacles, il m'a tendu DEUX billets, je n'ai pas eu le temps de lui dire que la deuxième ne pourrait pas venir…

XLI

Géraldine Buisson commençait à en avoir assez de cette filature stupide, au train de l'escargot. Mais une chose était sûre, la police était sur la piste de Jean Landrezac. Elle laissa Conrad Turq continuer et revint à Vannes pour donner des nouvelles à Daniel Chicoine, son commanditaire. Celui-ci était de méchante humeur. Un flic était venu l'interroger, on s'était trompé de personne.

— C'est pas moi qu'il faut interroger, c'est ce que je lui ai dit, mais plutôt mon beau-frère.

— L'enquête le concernant est lancée et ils auditionnent tous ceux qui le touchent de près ou de loin, vous en faites partie.

L'autre se dandinait sur sa chaise. Il releva une mèche rebelle, un tic, un TOC ?

La détective privée avait toujours trouvé bizarre ce mec, mais elle avait besoin de remplir les caisses. Et si c'était lui le tueur ? Il suivait son beau-frère à la trace et tuait pour qu'il soit accusé, c'était un sanguin qui aurait pu cacher son jeu. Elle se traita de folle, on respecte le client qui paie.

Elle appela Conrad Turq qui lui relata les derniers événements. Jeannot Landrezac avait eu des problèmes

de dépanneuse – un comble ! – il était allé se balader en taxi sur la Côte de Granit Rose. Puis il avait
rencontré un automobiliste en panne sur le bord de
la route.

— Étonnant ! C'est un chef d'orchestre qui l'a
invité à un concert qu'il donne à Lannion.

Décidément, avec cet homme de rien, ils allaient
de surprise en surprise…

XLII

Rosko laissa Julien Destrac coordonner l'enquête à Saint-Pol-de-Léon, Bidaut à Quimper et revint quant à lui, au point de départ dans le Morbihan. Ces quelques jours de grand air l'avaient ragaillardi, lui avaient aéré le cerveau et les poumons. Il retrouva l'atmosphère viciée du bureau où le convoqua son boss. Lui aussi aurait besoin de changer d'air et d'en prendre un différent, celui de l'intelligence…

— Alors Rosko, les dernières nouvelles ?

Le commandant lui rapporta l'audition de Jean Landrezac. Lerabeau lui dit qu'il était harcelé par la préfecture, l'évêché et que tous ces cadavres, ça faisait désordre. La Bretagne se distinguait encore, mais de façon négative, cette fois. Tout le monde devait donc s'y mettre pour redorer le blason de cette terre bénie des dieux, qui cette fois, était touchée en plein cœur.

*

*   *

Bien que n'ayant ni mandat de perquisition ni commission rogatoire, Rosko se rendit au Minio, la ferme du suspect. Il n'avait pas mis les pieds dans une ferme depuis des lustres. Depuis que ses grands-parents étaient morts et que leur ferme avait été vendue en maison d'habitation. Il voulait voir où vivait Jean Landrezac, s'imprégner de son lieu de vie, voir s'il pouvait en tirer des conclusions intéressantes. Il fut accueilli par un caquètement tonitruant et des grognements de cochons dans une sale soue. Plus loin, une chèvre broutait autour de son piquet et des lapins se languissaient dans un clapier en fibrociment.

En s'approchant de l'habitation principale, il entendit du bruit dans un appentis. Il ne tarda pas à apprendre sa provenance. Il y avait là un tas de foin et dedans, allongé, un homme botté, casquette vissée sur la tête. Celui-ci ronflait bruyamment. Rosko lui donna un coup de pied dans les bottes. L'autre grommela et se redressa vivement, prit une fourche à proximité et en menaça l'importun. Ce dernier montra aussitôt sa carte, ce qui eut le don de calmer l'agressif.

— Je n'ai rien fait, Monsieur le commissaire, je n'ai pas de permis ni de voiture.

— Que faites-vous ici, ce n'est pas chez vous.

— Ah, le pailler, c'est celui de Jeannot, je m'occupe de ses bêtes pendant qu'il vadrouille.

— Qu'il vadrouille ?

— Il s'est mis en tête de faire le "Top *Breizh*" et comme il est plus têtu qu'une bourrique.

— Pourquoi fait-il cela ?

— C'est rapport à Francine… Elle est morte et il veut lui faire faire un tour pour qu'elle soit heureuse là-haut au Paradis.

Il commença à se signer, mais y renonça devant ses mains qui tremblaient.

— Vous y croyez vous, à tout ça ?

— Je ne crois en rien.

— À la bouteille quand même, remarqua Rosko qui avait vu une fiole sortant de sa poche.

— Ça, je ne dis pas.

— J'aimerais visiter les lieux, pourriez-vous pas m'ouvrir ?

— C'est régulier ?

— Tout ce qu'il y a… Je suis sur une enquête criminelle.

— Criminelle ? Et qui c'est donc qui a été tué ?

— Francine Landrezac.

L'autre pâlit, trembla et entraîna le flic vers l'habitation. C'était une maison bretonne pur jus, avec des meubles mastocs, des bibelots en nombre, à part une pendule alsacienne qui sonnait toutes les heures.

— Je vais vous servir un verre…

— Pas pendant le service.

Il extirpa un "Arcopal" d'un bahut et une bouteille d'une armoire.

— Jeannot ne sort celle-là que dans les grandes occasions.

— Vous ne m'avez pas encore dit votre nom…

— Yvon Trohidec. À votre santé.

Yvon buvait le breuvage comme du petit-lait.

— C'est elle là, sur la photo ?

Il confirma.

— Et c'est du haut de cet escalier qu'elle est tombée ?

— Comme vous dites. Jeannot a dit que c'était à cause de sa faiblesse, elle était malade.

— Je sais… Et avec vous, comment elle était, Francine ?

— Très bien.

Il parlait beaucoup par monosyllabes et Rosko avait du mal à obtenir des phrases tournées.

— Certains disent que son mari l'aurait poussé ; il aime bien la picole aussi et on sait pas toujours ce qu'on fait quand on a bu…

— Pour sûr, mais Jeannot m'a jamais parlé de ça.

Rosko continua en lui demandant si les bêtes ne souffraient pas trop de l'absence du propriétaire, ainsi que quelques tuyaux sur la conduite d'une ferme. Il ne repoussait pas l'idée qu'à la retraite…

Il laissa le vieux garçon à ses tâches. Ce célibataire endurci n'avait-il pas une liaison avec Francine ? « On en a vu d'autres. » Même si ça pouvait paraître une alliance contre nature, n'aurait-elle pas lâché la proie pour l'ombre ? L'autre sorti, il fit un tour rapide du propriétaire, mais ne trouva rien de significatif, à part dans un bahut cadenassé, qu'il décadenassa : des revues pornographiques. Le Jeannot avait des velléités cochonnes et ce n'était plus Francine qui pouvait le satisfaire. Il trouva aussi un tas d'images pieuses, de crucifix, qu'apparemment, l'hôtesse collectionnait. Sur ses vieux jours, elle semblait se rapprocher de Dieu, n'était-ce pas en sachant l'issue fatale de la maladie ? Il avait encore bien des questions à poser.

XLIII

Je suis allé récupérer la dépanneuse chez le garagiste. J'avais deux billets en poche, je n'aime pas gaspiller et je n'avais personne à qui le donner. Je l'ai proposé au trifouilleur du cambouis, mais il m'a dit qu'il était très occupé et « de toute façon, je suis tellement crevé que je ne sors pas la nuit et puis j'utilise tellement d'instruments qu'en voir d'autres à rien réparer du tout, ça ne m'intéresse pas. »

Je me suis installé à la terrasse d'un café et j'ai bourré ma pipe que j'avais retrouvée, c'est une tête de taureau avec des cornes sur le devant, celle que mon grand-père m'a reléguée avant de mourir. J'ai commandé une Coreff, la bière bretonne de Carhaix.

J'avais deux heures à attendre, ça méritait bien quelques bières en plus, avant le début du concert d'Axel Cremp. C'est ce qu'il y avait de marqué sur le billet. J'ai demandé à Francine à qui je pourrais donner le deuxième, mais elle n'en avait pas la moindre idée non plus, pas d'indication d'elle, ni un clin d'œil ni rien.

J'ai cavalé vers l'endroit où il y avait un monde fou qui se pressait sur les marches devant la salle de spectacles. La porte était géante et voûtée. C'est là que j'ai vu un clochard qui faisait la manche. Je me suis approché et je lui ai dit :

— Si vous voulez, je peux vous donner mieux que de l'argent. Et je lui ai tendu le billet. Il a regardé ça avec des yeux pleins d'étonnement.

— Ça ne nourrit pas son homme, un bout de papier, ça ne le déssoiffe pas non plus. T'aurais pas plutôt un litron de vin rouge à me refiler ?

— Après peut-être, mais avant, il faut aller à ça. Si vous venez au concert avec moi, je vous invite à dormir au chaud et à boire un coup.

Il faut savoir prendre ces gars de la rue, on ne leur cause pas comme à tout le monde qu'ils soient jeunes ou vieux. Il a hésité et puis il s'est levé. Avec le déplacement, on sentait bien sa présence.

Et nous voilà tous les deux, lui, Victor, et moi, Jeannot, dans le bastringue au premier rang duquel il parlait très fort et avec les mains. Je lui ai gentiment demandé de la mettre en veilleuse, que la musique n'allait pas tarder.

Et le concert a commencé. Ils étaient au moins trente dans l'orchestre, j'en avais jamais vu autant. Au début, c'est parti tout doucement, comme un chant de ruisseau qui roucoule, c'étaient les violons, puis ça a été plus fort, les tambours et les trombones ont vibré et le tout s'est mis en branle-bas de combat. On peut pas imaginer ce que ça fait au niveau des sensations du cœur, après être entré par l'oreille, je n'ai pas assez de mots pour décrire, mais il doit y avoir du vocabulaire adapté. J'étais scotché, je n'avais jamais entendu quelque chose d'aussi beau ; j'en ai chialé, oui je l'avoue, à pisser des larmes contre un mur sans pouvoir s'arrêter, mais en les cachant au monde et à Victor. Ça faisait d'ailleurs un bon moment que je ne l'entendais plus. Il s'était endormi au milieu de mes larmes. Il était bien au chaud, avec la musique qui l'avait bercé comme une maman.

Moi j'étais parti en voyage sur les îles, sans les secousses du bateau, et puis ailleurs bien plus loin, d'où c'est qu'on ne revient pas toujours. Les notes m'étaient rentrées dans le corps, comme avait dit le musicien, avalées comme du petit-lait, j'avais l'impression d'être plein d'elles, mais elles ne m'alourdissaient pas. Je le jure, à un moment, je me suis envolé. Je voyais les choses toutes petites en bas, des têtes d'épingles, je planais dans la poche du ciel avec la mousse des nuages accrochée au menton ; j'étais bien et libre comme l'air là-haut. Je ne sais combien de temps ça a duré, j'étais sorti de moi-même et je me regardais en bas. Il n'y avait plus de Victor, plus de siège, plus de salle, même plus de Francine, que moi, envolé par les notes de musique. J'avais envie de crier au monde que j'étais heureux et que je faisais le *Tro Breizh,* mais ça n'avait pas forcément de rapport ni personne à intéresser.

Et le chef là-dedans se démenait avec sa baguette magique, il commandait aux instruments mais sans leur donner des ordres, juste pour le mouvement. Et eux étaient contents de se laisser faire par lui, ils le suivaient comme des petits chiens remuant la queue pour faire le bonheur du monde. Ils nous entraînaient dans du coton doux comme de la soie où on ne dort pas souvent, on avait plus de remèdes que de blessures, ils nous menaient en bateau sur une mer totalement calme, sans vagues, sans vent, sans rien qui gêne.

Et paf ! Tout s'est arrêté, on a été tirés du sommeil comme les somnambules, les instruments se sont tus. Les bras, les jambes, les têtes des musiciens se sont paralysés. Dans la salle, tout le monde était frappé avec un silence à couper au couteau. Ça a duré au moins deux minutes, le temps de récupérer et de revenir à ses occupations. Et les spectateurs se sont levés et ils ont applaudi à tout casser la salle. Cela a fait un vacarme du diable, comme des coups de tonnerre, et c'est là que mon Victor s'est réveillé.

Axel Cremp est venu nous voir et il nous a demandé comment c'était. Mais j'avais reperdu les mots et c'est Victor qui a répondu :

— C'était au poil ! J'ai piqué un sacré roupillon et moi y faut que je soye dans des bonnes conditions pour que je pionce. Alors, vous pouvez me croire, c'était du léché comme une gorge de velours qui s'envoye un pinard de derrière les fagots. Mais j'aurais quand même un petit reproche à vous faire, à l'attaque du troisième mouvement, à l'entrée du sforzato, y'a eu comme un léger décalage, tous les instruments ne sont pas partis ensemble, mais je dois dire que vous avez bien récupéré le coup !

Je ne savais pas s'il parlait sérieusement, mais Axel a été intéressé, ils ont parlé en peu ensemble. Et puis Victor est reparti dans son langage des rues et le chef d'orchestre a bien vu qu'il ne pourrait plus tirer grand-chose de nous, qu'on était dans un autre monde que lui, mais comme j'avais les yeux rougis, il a dû quand même se dire qu'il y avait au moins un grand coup de vent qui m'avait soufflé.

Il a dit :

— Merci encore de m'avoir ramassé, je n'aurais peut-être pas été à l'heure pour le concert. Revenez quand vous voulez…

Victor s'impatientait avec son gosier sec et il m'a tiré par la manche.

Comme je lui avais promis, je l'ai ramené à la "maison".

Il n'en revenait pas comment j'avais installé la remorque. Camembert s'est approché de lui, mais il est retourné se coucher à cause de l'odeur.

— Tu pourras dormir ici ce soir, si tu veux.

— Merci mon petit, il m'a répondu, ça me changera de la belle étoile.

Ça m'a fait tout drôle « mon petit », à cause de mes soixante ans passés, et j'ai vu à vue de nez qu'il devait à peu près en avoir autant.

— Mais avant, t'aurais pas de quoi grailler, genre calendos et "Père Benoît" ?

— Tu as sans doute remarqué qu'on est en Bretagne, alors j'ai sorti une "boutanche", comme tu dis, de cidre et un fromage de chèvre, plus une tourte de bon pain de seigle que j'ai achetée à la boulangerie de Ploubezre…

Il s'est régalé et ça m'a fait plaisir de le voir manger d'une vraie faim. Il a été étonné quand j'ai fait le signe de croix sur le cul de la miche.

— Mon grand-père faisait toujours ça et ce n'était pas un croyant. Après, il la posait sur le plat, « on ne gagne pas son pain sur le dos », et il se beurrait une grosse tartine en rajoutant du lard salé.

C'est au premier verre de chouchenn qu'il m'a raconté sa vie.

— Tu sais, petit, j'ai pas toujours été comme ça. Avant, j'étais marin pêcheur sur les chalutiers. On restait des mois en mer et, fille de garce, on s'est bien amusés dans les ports ! Çui que j'ai préféré, c'était Valparaiso. Y'avait des filles dans des bordels, ah, j'te raconte pas, elles avaient le corps chaud comme ton bon pain. Tu leur grimpais dessus, tu leur faisais leur affaire et là, elles te donnaient du râle. T'avais plus l'impression d'avoir existé avant. En ces temps-là, j'étais maqué avec Denise, mais tu résistes pas à la fidélité quand des morceaux comme ça te tendent les bras. Et puis, tu sais ce que c'est, au bout d'un temps, elle n'aimait plus tellement la chose, Denise, c'est toujours pareil, surtout avec le même bonhomme… Un homme ce n'est qu'un homme, pas vrai, petit, et ça reste sur ses positions, il doit se vider régulièrement et la femme se remplir, on est des vases communicants. Il faut bien qu'on aille fourrer sa trique dans des coinstots bizarres, sinon quand ça sert pas, ça tombe. Bref, j'y allais de bon cœur, si tu vois ce que je veux dire.

Il me faisait des clins d'yeux qui voulaient dire des longueurs.

Je lui ai reversé du chouchenn pour qu'il continue à mieux raconter, ça fait glisser plus facilement les mots dans le gosier, comme de l'huile dans les rouages.

— C'étaient des belles salopes qui en avaient dans la caisse, tu peux me croire ! Elles te faisaient presque oublier tous ces parfums d'océan qu'on ne trouve que dans les ports. En mer, t'as l'impression d'être le roi du monde, que rien de mal ne peut t'arriver, même si des fois elle te bouscule un peu pour la bonne cause. Dans ces cas-là, il faut s'accrocher au bastingage, au mât de misaine ou à n'importe quoi sur le pont ; si t'es dans la soute, tu te cognes à ton galetas. Tu dis pas que ton cul est à toi et tu t'occupes pas de savoir si t'es à voile ou à vapeur. La mer en colère fait de toi ce qu'elle veut et il ne faut pas aller contre ses quatre volontés, tu te laisses bercer et tu attends qu'elle veuille bien se calmer, en cheville avec le vent. C'est ct'e fille de garce qui décide de tout à ta place, toi, t'es qu'un brin de paille sur son ventre…

C'était un cercle visqueux, plus il parlait et plus il avait soif et plus il avait soif, plus il buvait et plus il parlait.

— Après, petit, tu sais ce que c'est, y'a eu moins de pêche car on a vidé la mer, on a prélevé tellement de poisson qu'il n'en reste plus assez, la source a fini par se tarir et la mer, y'a un moment où elle en a gros sur la patate et elle dégobille tout ce qu'elle sait, les marées noires et le reste. Demande aux oiseaux mazoutés… Bref, je me suis retrouvé au chômedu et là, ça m'a bloqué les méninges, je me suis mis à fréquenter les cafés et mémère Denise, elle n'a pas aimé ça du tout. Elle préférait encore quand j'étais pas là, en bateau au moins elle savait où j'étais. Elle m'a viré avec pertes et fracas et je me suis retrouvé à la rue.

Il s'est mis à se gratter et je me suis dit qu'il allait faire attraper des puces à Camembert. Je lui ai expliqué une partie de la mienne, mais je voyais qu'il s'endormait, alors je lui ai proposé mon lit.

— C'est dommage que tu n'as écouté le concert que d'un œil, ça t'aurait changé les idées.

— Moi, la musique, petit, je l'ai dans la peau, je jouais comme saxo dans un orchestre, alors tu penses que ça m'a traversé l'oreille, sans l'air de rien.

— Mais…

— Pour ne pas rater une miette du spectacle et ne pas être distrait par les veaux qui n'y connaissent rien, j'ai fermé les yeux, tu n'imagines pas tout ce qui chante et danse derrière les paupières…

Et il s'est mis à ronfler.

*

*   *

Le lendemain, vers midi, on s'est réveillés avec la gueule de bois. Je lui ai préparé un café bien fumant avec des tartines.

— Si tu veux, tu viens avec moi, on continue ensemble le voyage…

— Merci fils, mais quand on est habitué comme moi à vivre dehors, on n'imagine pas la vie entre quatre murs ou – il a regardé autour de lui – entre quatre planches, ça viendra bien assez tôt. Et puis, il faut pas m'éloigner trop de Denise, on ne sait jamais, peut-être un jour, elle reviendra me chercher…

Là-dessus, on s'est quittés bons amis.

XLIV

Géraldine Buisson avait, elle aussi, assisté au spectacle, elle avait gardé ainsi un œil sur Jean Landrezac. Conrad Turq était assis à côté d'elle et avait frémi de tant de beauté. Emporté par la musique, il s'était laissé aller et lui avait pris la main. Au début, elle voulut le repousser et puis elle accepta ce contact.

« Qu'est-ce qui t'arrive, ma belle ? Que va penser Mirta ? » Après tout, qu'en saurait-elle ? Mais Conrad, fort de cet investissement, voulut aller plus loin, il passa la main sous sa robe. C'en était trop, elle ne put s'empêcher de lui donner une claque magistrale, accompagnant le tout d'un :

— Vous êtes viré !

L'infortuné se leva, regarda l'orchestre une dernière fois et sortit de la salle. C'en était terminé de son hypothétique CDI.

Géraldine Buisson en fut meurtrie de longues heures, elle se reprochait d'avoir giflé ce gamin qui, au fond, n'avait rien fait de mal. D'autre part, elle perdait un précieux collaborateur. Elle ne réussit pas à se concentrer sur la musique, tout juste parvint-elle à surveiller les réactions de Jean Landrezac accompagné du clochard. Prenait-il du plaisir aux mauvaises fréquentations ? S'approcher de la déchéance ne lui mettait-il pas la sienne sous le nez ?

À la fin du spectacle, Conrad Turq l'attendait, assis sur les marches. Elle s'approcha de lui, il laissa tomber nonchalamment :

— Cela ne se reproduira plus.

— Je te remercie.

Ils suivirent Landrezac et le SDF jusqu'à la remorque où ces derniers passèrent la nuit. À un moment, Conrad Turq, voyant que sa compagne était frigorifiée, lui dit :

— Allez vous coucher, je reste en veille.

L'incident était clos.

XLV

Rosko s'attabla au bar Chez Armand. C'était visiblement moins bien tenu que le Marie Lefranc, mais ça fleurait bon le café de campagne. Armand était absent, ce fut Marinette qui vint lui servir sa mousse sans alcool. Elle était court vêtue et évoqua bien des possibilités au célibataire endurci. Elle devait juste finir sa puberté et c'est à cet âge-là que tout commence, alors si elle tombait sur un tel enseignant pour lui apprendre les rudiments, elle en tirerait bien des bénéfices. Visiblement, la petite n'avait pas froid aux yeux et pratiquait l'effronterie comme une marque de fabrique.

— Connaissez-vous Jean Landrezac ? attaqua-t-il d'emblée.

— Tout le monde connaît Jeannot ici. Vous, non ? Vous venez d'où ?

— Du commissariat de Vannes.

— Ah, vous êtes dans la police, elle sourit, n'ayant pas encore épinglé un tel gibier à son tableau de chasse.

— Alors, ce Jeannot ?

— Oh, il ne fait de mal à personne, il est gentil.

— Gentil ?

— Oui, sauf parfois quand il a bu… il laisse traîner ses mains partout, vous voyez ce que je veux dire…

— Je vois…

— Avec vous aussi ?

— Mais je ne me laisse pas faire, j'aime prendre les initiatives.

— Et sa femme ?

— Elle venait de temps en temps, surtout le chercher.

— Il se laissait faire ?

— Pas facilement. Surtout quand il était avec son copain Yvon, il ne voulait pas perdre la face, ils s'entendent comme cochons.

Rosko apprécia l'expression imagée. Armand fit alors une entrée tonitruante. Il salua l'assemblée dont il connaissait presque tous les membres. Il se renfrogna à la vue de ce nouveau client "étranger". Visiblement, il ne souhaitait pas développer sa clientèle. Marinette le rancarda en l'entraînant derrière le bar. Ils semblaient de connivence, la petite serveuse servant aussi, on pouvait le penser, à lui éponger son chagrin après le départ de son Espagnole.

Armand vint s'asseoir près de Rosko, un verre à la main.

— Je vous sers un gorgeon ?

— Un café, je veux bien.

— Vous cherchez des noises à Jeannot ?

— Je ne cherche rien à personne, que la vérité. Pourquoi s'est-il lancé sur le *Tro Breizh* ?

— Ah, vous savez… C'est rapport à deux étrangers qui parlaient de ça, ça lui a mis des idées en tête. Faut dire que, les derniers temps, il s'occupait peu de Francine, à mon avis, il veut se faire pardonner.

— Ils venaient d'où ces deux… étrangers ?

— Sais pas. Je ne les ai jamais revus.

— Ils ne vous ont pas paru bizarres ?

— Un peu, mais pas plus que vous. On aime bien ici ceux qu'on connaît, les autres…

— Donc, se faire pardonner…

— C'est ce que je pense, mais allez savoir ce qui se passe dans la caboche des gens ? Jeannot n'échappe pas à la règle.

— À part vous et Yvon, a-t-il d'autres amis, d'autres relations ?

— J'sais pas moi, les marchands d'aliment, les copains de chasse et puis le père Jules…

— Le père Jules ?

— C'est notre guérisseur.

— Rebouteux ?

— Si vous voulez.

Armand donna son adresse à Rosko.

— Marinette m'a dit que Jeannot avait la main leste…

— Il en dit plus qu'il n'en fait, mais c'est pas le mauvais bougre.

— D'après vous, aurait-il pu pousser sa femme dans l'escalier ?

— Que si ça l'avait empêchée de souffrir.

— C'est intéressant ce que vous dites là, vous pensez donc qu'il a pu mettre fin à ses jours ?

— Mettre fin à ses douleurs. C'est pas condamnable, hein ?

Rosko se dit que tous ces gens se couvraient, s'appréciaient en partie, mais que tout devait être factice comme les rapports humains. Il avait appris malgré tout des choses intéressantes. Par contre, il était difficile de se faire une opinion sur ce Jeannot, un simple d'esprit ou un machiavélique ?

XLVI

Je n'ai pas mis longtemps à arriver à Tréguier. C'est une ville du Trégor, à l'enfourchure du Jaudy et du Guindy. Elle est toute en montée à partir de là. On voit qu'elle a été importante dans les anciens temps, aux maisons imposantes. Elle en a fait toute une Histoire. J'ai pris Francine sous le bras, et je suis allé à la cathédrale Saint-Tugdual. C'était encore un immense bâtiment avec trois tours et demie, mais en travers, au lieu de montrer son pignon comme les autres. Le soleil faisait ressortir sa couleur rose.

À l'intérieur, j'ai cherché le saint en question et je n'ai trouvé que le tableau de saint Yves, le patron des Bretons et des avocats, et celui de Jean V de Bretagne, mais de Tugdual, y'en avait pas.

Je l'ai dit à Francine :

— Tu ne pourras pas lui baiser les pieds ni lui cirer les pompes.

Heureusement, j'ai trouvé quelqu'un habitant sur place pour m'expliquer. C'était un des vicaires. Il a trouvé bizarre que j'avais le cadre sous le bras, mais j'ai inventé une histoire. Car ces gens-là n'aiment que leurs histoires à eux, moins celles des autres ; on peut bien adorer leurs saints sur des tableaux, mais on n'a pas le droit d'amener les siens. Quand je l'ai eu rassuré que je n'étais pas un terroriste qui allait faire péter le bâtiment, il m'a expliqué :

— C'est le fondateur de l'évêché de Tréguier. Il est venu de Grande-Bretagne, comme les six autres, avec sa mère et soixante-douze disciples. Il a été consacré évêque par Childebert Ier.

Il a continué sur sa lancée en répondant à mes questions :

— Bien sûr qu'il a accompli des miracles, tellement qu'on disait : « S'il n'est pas Dieu le Père, c'est qu'il ne l'a pas voulu. »

J'ai remercié le père abbé, enfant de chœur ou ce que vous voulez, c'est flou leurs métiers, et je me suis dit dans ma petite tête : « Moi aussi, sur ce chemin, j'ai accompli des miracles : par exemple, j'ai sauvé Camembert de la mort. Tu trouves pas ça bizarre Francine ? On arrive au troisième saint et par trois fois, j'ai fait tout comme eux. »

Ça pour sûr que c'était bizarre, mais c'étaient peut-être des coïncidences, on voit tellement de choses qui nous dépassent…

À la sortie, sur une place, on a admiré la statue d'Ernest Renan, une grosse tête née là, mais je n'ai pas visité sa maison natale, car il n'y était plus depuis longtemps.

XLVII

Géraldine Buisson angoissait à l'idée d'arriver à Tréguier. Jusqu'à maintenant, où il y avait un saint du *Tro Breizh*, il y avait un mort. Elle vit ressortir Jean Landrezac de la cathédrale avec une petite chandelle dans les yeux.

Julien Destrac l'attendait à la sortie, il lui proposa d'aller prendre un café dans le bar d'en face. Elle se dit qu'il ne s'était rien passé de dramatique et elle tenait une forme olympique. En fait, Rosko avait demandé à son adjoint de récupérer des renseignements supplémentaires auprès de la détective, lui n'étant pas le plus à même de manœuvrer cette femme. Le lieutenant la cuisina à mots couverts et n'apprit rien de marquant pour l'enquête.

Géraldine Buisson avait demandé à Conrad Turq de prendre en filature un mari jaloux qui s'estimait trompé. Le hasard faisait que sa femme avait entrepris un voyage à Paimpol, prochaine étape du périple.

La détective privée se remit sur la piste du retraité. Elle avait pris un peu de retard, mais au train où il roulait, elle aurait vite fait de le rattraper. Elle avait parcouru quatre ou cinq kilomètres après Tréguier, lorsqu'elle aperçut au loin une voiture arrêtée à l'entrée d'un chemin creux. En s'approchant, elle la reconnut : c'était celle de Conrad. Que faisait-il près de ce petit bois de chênes ? Une angoisse l'envahit qu'elle ne contrôla plus.

Ce fut dans un buisson, les pieds à peine cachés par les broussailles, qu'elle reconnut le pantalon de son stagiaire. Il gisait à terre, une corolle de sang baignant sa veste sur le côté gauche. Elle ne retira pas la pique de herse qui l'avait tué.

*

*   *

Rosko demanda à Julien Destrac de s'occuper de ce nouveau meurtre et surtout de cette Géraldine Buisson qui devait être dans les quatrièmes dessous. C'est ce qu'il fit. Il l'accompagna jusqu'à son hôtel et viendrait l'informer régulièrement du fil de l'enquête.

— Le commissaire Rosko tient à ce que vous cessiez dorénavant toute filature. Demain, vous allez rentrer chez vous et vous accorder quelques jours de congé. Je vais prendre le relais.

Il est vrai que l'émotion était palpable chez cette petite femme pleine d'énergie, elle semblait avoir tout perdu. Elle se sentait responsable de la mort de Conrad Turq. N'était-ce pas elle qui l'avait envoyé sur les traces de Landrezac où il avait surtout trouvé la mort ?

Elle appela Mirta qui allait accourir dès que possible. En attendant, elle prit des tranquillisants et se mit au lit. Elle entra très vite dans un rêve où un tracteur lui roulait dessus avec une telle violence qu'elle sentait ses os craquer et son corps tomber en miettes sur l'asphalte.

*

*   *

Julien Destrac rejoignit ses collègues de Tréguier, Lambert reprenait la filature de Jean Landrezac. Le médecin légiste avait autopsié le corps, l'IJ avait effectué les relevés, mais aucune trace ne les menait sur une piste particulière. À part celles de ce tracteur et de cette herse qui dessinaient un chemin de sang…

XLVIII

Rosko poireauta deux bonnes heures dans une file interminable chez Jules Lescoublet, le rebouteux, ami et confident de Jean Landrezac. Il n'avait pas voulu utiliser sa carte de police pour humer l'atmosphère si particulière des gens qui consultent ce genre de "médecin" de l'âme, du corps et surtout du porte-monnaie. Et il en avait entendu de belles !

L'une venait car elle voulait se construire une véranda en jouant au Loto, une autre souhaitait que son aimé réponde à ses sentiments, un paysan venait implorer le père Jules pour qu'il fasse tomber la pluie sur ses récoltes. Il rit beaucoup en apprenant que ces jumelles étaient désireuses de réparer une méprise, elles étaient tombées amoureuses de deux frères, mais pas du bon. Le rebouteux pourrait-il réparer cette faute ? Une fermière avait amené sa poule dans un panier, car elle ne lui pondait plus d'œufs et elle y était tellement habituée que ce n'était pas possible !

Rosko avait écouté ces histoires, ces petits riens du quotidien, presque avec envie, lui cherchait l'inaccessible étoile, et ça, le père Jules n'y pourrait pas grand-chose. Il aurait mieux fait de se contenter d'une petite vie pépère, auprès d'une femme aimante plutôt que de courir après ces malfaiteurs, ces meurtriers, ces dealers qui lui pourrissaient la vie. Plus il côtoyait les turpitudes humaines et plus il appréciait son chien. Mais il n'avait pas de chien. Prochaine étape : se rendre à la SPA.

Quand vint son tour, il entendit : « Entrez » d'une voix à peine audible. Et le fameux père Jules, celui qui avait une renommée quasi "mondiale", lui apparut. Petit, glabre, le crâne chauve, mais des yeux pétillants et alertes. Il était vêtu d'une sorte de chasuble en bure, imitant celle des moines. On ne lui dit pas de s'asseoir, alors il s'assit.

D'une toute petite voix toujours à peine audible – allait-il s'endormir ? C'eût été incongru à 10 heures du matin – l'homme vissé derrière le bureau, buste droit comme un I, s'enquit :

— C'est pour quoi ?

Rosko soupira. Il avait tellement de choses à raccommoder sur son corps malade que le rebouteux y passerait l'année. Il préféra dire :

— Je suis de la police.

L'autre se renfrogna, dans le genre : ça ne se soigne pas. Il questionna :

— Vous venez pour Jeannot ?

— Je devrais ?

Le rebouteux caressait un sulfure du plus bel effet, qu'il tournait dans tous les sens. Mouvement hypnotique ?

— Moi, je ne dis rien, je suggère.

— Et que suggérez-vous ?

— Francine est venue me voir plusieurs fois pendant sa maladie, malheureusement, je ne pouvais pas grand-chose pour la soulager, je ne suis pas un magicien, encore moins un charlatan.

« C'est déjà ça ! »

— Il y a quelques semaines, elle est venue ici, elle était épouvantée.

— Son mari ?

— Jean l'avait menacée. Elle était très croyante et elle n'envisageait ni le suicide ni l'euthanasie, encore moins le divorce. Et puis il y avait de l'argent…

— Ah !

— Elle m'a parlé d'un compte épargne sur lequel il lorgnait… pas grand-chose… vingt-trente mille euros. C'étaient ses économies et il lui avait demandé plusieurs fois de les déplacer pour améliorer leurs vieux jours.

— Vous n'avez pas prévenu la police ?

— Je lui ai dit d'aller vous voir. Ce qu'elle a fait d'ailleurs, mais une vieille femme qui va mourir, c'est pas dans vos priorités.

« Touché ! »

— Vous pensez alors qu'il l'a tuée ?

Il haussa les épaules.

— Je ne dis pas ça, je dis que c'est possible, mais je ne suis pas à votre place. Je trouve aussi que son *Tro Breizh* est assez ensanglanté. Il n'y a plus que ça dans la presse et à la télé. Il faut que ça s'arrête !

Ce bougre, pensa Rosko en sortant de chez le rebouteux, aurait voulu enfoncer Jeannot qu'il ne s'y serait pas pris autrement. Il nota que la file n'avait pas beaucoup diminué et que l'homme de l'art devait se faire un max sur le dos des naïfs. Décidément, il n'aimait pas ce genre de personnage !

*

* *

Le commandant devait se rendre à l'évidence, Jean Landrezac faisait un coupable parfaitement honorable pour le crime de sa femme ou ceux des cathédrales où il passait avec son tracteur. Mais le substitut du proc' qu'il héla de nouveau, n'était toujours pas chaud pour le mettre en garde à vue.

— Primo, vous n'avez pas l'ombre d'une preuve, deuzio, la détective privée qui suivait le bonhomme n'a rien remarqué d'équivoque. Quant à vous, continuez votre enquête et ne me sonnez que lorsque vous aurez quelque chose de tangible.

Ce qu'il ne disait pas, c'est qu'il ne voulait pas se mettre à dos le monde paysan, ça faisait mauvais genre, et il savait de quoi ils étaient capables. Ne pas transformer ce retraité en héros. Donc, pour le moment, c'était prudence et modération. Rosko se le tint pour dit.

XLIX

Il ne faut pas se poser des questions quand on ne connaît pas les réponses, donc je partais de Tréguier à grands pas de dépanneuse et de tracteur-remorque, en pensant à Victor qui m'avait fait passer un bon moment. Mais son histoire était triste et me rappelait que je commençais à vieillir et qu'on s'attendrit plus sur les gens. On voit aussi la vieillerie à d'autres petites choses. D'abord, on s'empâte aux poignées d'amour – à force, Francine aurait pu me prendre pour une valise avec une drôle de tête, on craque de partout aux articulations et on sent toutes les parties de son corps, y'a pas un jour où il ne nous rappelle pas qu'il est là, on est pour ainsi dire en souffrances, ensuite on se perd dans ses souvenances et on cherche ses mots ou le nom de quelqu'un pendant des heures, c'est la perte des neurones, comme ils disent dans le *Paysan français*, par exemple comme cette folle d'Alzheimer au château de Bonvallon ; il faut donc entretenir sa mémoire, et pas qu'en faisant les mots croisés d'*Ouest-France*. Surtout, on ne se demande pas comment on va mourir, mais quand. Et ça, *gast*, ça entrave, ça gêne aux contournures. Francine avait encore un tas de choses à faire et elle est morte avant l'heure.

« *Côte du Goelo* », y'avait marqué, ça voulait dire que je m'approchais de la baie de Saint-Brieuc. En pensant à Francine, je filais tout droit à Paimpol, à cause de "*la Paimpolaise*" sans doute, où y'a pas de falaise, c'est pour que ça rime à quelque chose, qu'il a écrit ça le Théodore Botrel.

En y arrivant, j'étais redevenu jeune par opération du Saint-Esprit. Quand j'ai dit que je pensais à Francine, c'était surtout à notre fils, il tient une crêperie à Paimpol, place du Martray. Y'a un tas de vieilles demeures, pas loin de la maison avec la tour, et de la quincaillerie "La maison Jézéquiel" dans la rue des Huit Patriotes, on ne peut pas la manquer. Il fait dans le bio, c'est à la mode. Bon, je ne dis pas que les œufs sortent tout propres du trou du cul des poules, je ne dis pas que les prix n'augmentent pas en conséquence et pas non plus que c'est plus sain, car il faut bien mourir de quelque chose, mais en tout cas, elles sont bonnes, ses galettes au froment et ses crêpes au bon beurre salé de "chè nous", comme on dit à La Vraie-Croix.

*
* *

Il était dans la cuisine en train de préparer la pâte, Ange, mon fils, qui ne l'a pas toujours été. Je crois qu'il a été content de me voir. Je l'avais prévenu de ma visite dans une lettre, avant mon départ.

— Comment ça va ?

— Ça va !

— T'as du boulot ?

— Pas à se plaindre.

On ne s'est jamais beaucoup parlé. Les mots doux nous écorchent la bouche, comme une honte que j'ai en moi, j'ai dû lui transmettre ça, le bon et le mauvais. Et à force de ne pas se parler, on prend des habitudes de muet. Je me rattrape avec les petits-enfants, mais eux, ce n'est pas pareil, ils ne jugent pas des paroles, ils nous prennent comme on est, roi ou paysan, ils verront plus tard pour les beaux discours.

Il m'a installé à une table et il m'a envoyé une galette complète, beurre, fromage et andouille de Guémené, la vraie de vraie – l'autre, on la vire ! – toute chiffonnée, le tout accompagné d'une bolée de cidre brut. Je suis obligé de reconnaître qu'il les fait bien, le maître de la billig.

— Et le galichan, je lui ai demandé, tu me le gardes ? Je la donnerai à Camembert.

Je l'avais laissé à la laisse, car les chiens n'ont pas le droit d'entrer dans les restos à cause des poils, pour l'hygiène et pour éviter le mélange entre les espèces serviettes et torchons.

Il n'a pas été très content que je lui dise ça, car il n'a jamais aimé les chiens. Ni aucun animal de la ferme d'ailleurs, il est parti à seize ans en apprentissage. Je crois que lui non plus ne voulait pas ressembler à ma condition.

J'ai pris un café et je lui ai dit au revoir pour ne

pas déranger et puis sa femme, elle ne m'aime pas beaucoup, mais les belles-filles, c'est pour les fils, alors elles n'ont pas à nous aimer. Ça dépend sur qui on tombe et moi, je ne suis pas très bien tombé à ce niveau-là. Aurélie est une femme enduite de maquillage, qui a peur de se salir en venant à la ferme, je pense que pour entrer dans son cœur, il faudrait mettre des patins, car ça doit être ciré comme un parquet. Ange doit s'en satisfaire. Quand les enfants sont grands, ils quittent le nid et on n'a pas à se mélanger les uns chez les autres, sinon c'est le conflit des dégénérations qui dure depuis qu'on était dans les cavernes à peindre.

Donc, on se voit une fois par an. Je n'ai pas pu m'empêcher de demander :

— Arthur, il pourra venir pour les vacances ?

Il ne répond jamais par oui ou par non.

— Ça dépendra du temps qu'il fera et puis Aurélie aimerait bien faire un long voyage vers le soleil…

Elle ne sait même pas que c'est en Bretagne que le soleil brille le plus à cause de la beauté des gens. Il est toujours là-haut au-dessus de nos têtes, il brille tellement qu'il met des couleurs d'incendie sur le paysage. Pourquoi cette idée bizarre d'aller au loin pour le chercher ? Mais ce que je sais, c'est qu'avec Ange, je ne vois pas venir grand-chose. Pourtant, la dernière fois, j'ai eu le petit deux jours et j'ai réussi à lui raconter un tas d'histoires de ferme. Fallait voir le gosse en ébahissements et en questions et du pourquoi ci et du pourquoi ça. Je devais me creuser la cervelle, mais ça vient assez vite : les enfants font moins peur que les grands, ils donnent tellement d'amour et de baisers qu'on est obligés de les aimer. Avec eux, j'ai deux cerveaux, un pour les adultes de tous les jours et un pour mes petits-fils quand ils viennent me voir. Le deuxième n'a pas besoin de se forcer, il voit tellement briller mes yeux qu'il fond comme du beurre sur le feu. Il ne fait semblant de rien, il est véritable comme une table en granit et on peut manger dessus sans que les pieds viennent à casser. Tout le monde s'attable et on passe un moment des plus agréables avec les petits-fils qui nous prennent la main et qui nous emmènent dans leurs voyages.

Cette fois-là, je n'ai pas eu le droit de le voir, car il était parti faire un tour avec sa mère, alors je lui ai laissé en cadeau un tracteur miniature que je suis allé lui acheter pour qu'il ne m'oublie pas, car ça peut venir vite si on ne fait pas gaffe.

*
*   *

Après la pause familiale pour entretenir les relations, j'étais au voisinage de Plouhézec et je longeais en Bienvenu une côte avec des dentelles comme celles des galettes, la pointe du Bilfot où l'on trouve le moulin Craca – ne pas s'emmêler les paroles… Camembert était fier comme d'Artagnan à côté de moi, car je lui avais permis de conduire ; il pose ses deux pattes sur le volant et on dirait un vrai chauffeur sans casquette. Mais voilà-t-y pas que j'étais descendu de la cabine et que j'avais fait du chemin pour regarder des planches à voile, et trois énormes chiens-loups m'envisagent de loin et commencent à me courir après. Ils avaient l'air de chiens errants mais surtout ils semblaient féroces en aboyant et en montrant les crocs. Je m'imaginais déjà complètement déchiqueté avec des morceaux de moi emportés par le vent aux quatre coins du monde, très loin du continent de Bretagne, et surtout mes tripes à l'air. C'est alors qu'un nouveau miracle s'est produit. Mon Camembert, toujours fier, s'est avancé vers eux ; je me suis dit, il est si petit qu'il ne fera pas le poids, ce n'est qu'un chien à vaches pas dangereuses. Ils allaient le dévorer tout cru et n'en faire qu'une bouchée ; « C'est déjà bien d'essayer, bon chien-chien. » Sur ce coup-là, je le trouvais vachement courageux. Je me suis dit : « Si j'en sors vivant, à sa crève, je le mettrais dans la tombe de Francine et des tas de fleurs par-dessus. »

Le miracle, c'est qu'en arrivant près de nous, les trois énormes chiens, se sont couchés en freinant à mort, et se sont mis à japper tout ce qu'ils savaient et ont remué la queue de contentement. Camembert est allé lécher chacun des trois. Il a dû leur dire des choses à l'oreille dans leur langage de chien, que j'étais un bon maître ou quoi. Il paraît que toutes les bêtes se comprennent entre elles, qu'elles entendent des ultrasons, même les escargots et les limaces.

Pareil pour les plantes et les arbres qui se causent du bout des feuilles ou alors des racines, avec de la chimie qu'ils se crachent. Faut pas croire, y'a pas que nous autres à être intelligents, on n'a que la parole en plus et ça ne veut rien dire…

Du coup, je suis allé leur chercher à manger dans ma musette. Ils se sont jetés sur mes os de poulet et le pain rassis et ensuite, ils sont repartis dans leurs errances. Je ne pouvais pas faire moins que de remercier Camembert. Je lui ai donné le *galichan* et en plus, une boîte entière de camembert pour lui rappeler ses jeunes années où on le nourrissait avec.

— Bon chien… Bon chien-chien… Je ne sais pas comment tu as fait, mais tu l'as fait. Tu m'as sauvé de la mort, je lui ai dit comme ça.

Il n'a pas tout compris, car il ne connaît pas tout notre dictionnaire, mais j'ai bien vu à sa mine qu'il était content.

— Fallait pas te donner la peine, c'est pas parce que je t'ai ressuscité d'entre les morts, tu ne me dois rien, comme le chef d'orchestre.

Mais Camembert, il est comme ça, dès qu'il voit quelqu'un en danger, il n'écoute que son courage qui lui parle à l'oreille et il se satisfait de quelques caresses et un peu à manger en remerciement, il ne fait pas le difficile.

L

Le commandant Rosko avait fait le point, en conférence téléphonique, avec tout son groupe. Après le dernier assassinat, celui de Conrad Turq, il apparaissait qu'il n'existait aucun lien entre les victimes. Le meurtrier avait l'air d'agir au hasard, "choisissant" ses victimes en fonction du lieu où il se trouvait.

Nathalie Marty, la journaliste, débarqua dans son bureau, elle avait les traits tirés et la mine défaite. Rosko le lui fit remarquer.

— Je me suis laissé dire que vous étiez sur une piste que j'ai moi-même suivie.

— C'est-à-dire ?

— Le mec qui accomplit le *Tro Breizh* en tracteur, Jean Landrezac. Il ne ferait pas de mal à une mouche, ce gars-là.

— Les mouches peuvent se transformer en frelons qui bouffent les bourdons…

Elle ne comprit pas toute la portée de l'allusion.

— Tu crois sérieusement qu'il…

Elle fit un signe d'égorgement du doigt, que Rosko transforma en coup imaginaire au cœur. Il ne manquait pas à toute déontologie élémentaire, la presse faisant largement ses choux gras de la façon de commettre les assassinats.

— Rien n'est à négliger.

— Est-ce que je peux écrire sur lui ?

— Je préfère que tu gardes ça dans la réserve de ton stylo-plume, pour l'instant.

Elle passa derrière le bureau, l'embrassa fougueusement sur les lèvres dans un élan surprenant, elle ne pouvait rien refuser à son amant de passage. Elle disparut comme elle était venue. Rosko appréciait ce genre de nana peu crampon, qui passe de temps en temps et de loin en loin dans votre vie, sans bousculer votre ordre des choses, en ne demandant pas grand-chose d'autre qu'un câlin. Elle ne faisait pas de la durée une question de principe. De plus, il connaissait les valeurs qui l'avaient guidée dans son métier : elle n'écrirait pas sans son feu vert sur celui qu'il considérait comme son principal suspect.

Il remit de l'ordre dans le canevas policier : Lambert revenait à Tréguier, Julien Destrac, son second, reprenait la filature.

LI

Après Plouhézec et Plouha, des champs de choux-fleurs et d'artichauts à perdre la vue, j'étais à Saint-Quay-Portrieux, un port sur le Trieux, comme son nom l'indique exactement, après des falaises complètement recouvertes de fougères. J'étais à peine sur le pas de la ville, comme d'hab' avec le tracteur sur la dépanneuse, qu'un rassemblement d'agriculteurs en colère avec des Renault, des Massey, des Lamborghini, des Deutz-Fahr, des Eurotrac, des Ford, des New Holland, faisaient un bruit du tonnerre de Brest avec résonance jusqu'à Landerneau. C'était comme une nuée de moineaux, plutôt des étourneaux qui envahissent les arbres en piaillant plus qu'une escouade de femmes. Je voulais faire demi-tour, car je n'aime pas me mélanger, mais voilà qu'un paysan avec un haut-parleur se met à hucher dans son micro :

— Hey, là-bas, le Massey vert, viens te joindre à nous !

J'étais pris au piège et bien obligé de suivre les gars qui luttaient pour leur bonne cause. Je me suis avancé, j'ai descendu le tracteur et un gars de la campagne à côté m'a dit :

— Tu dois marcher avec nous !

— Qu'est-ce que vous revendiquez ? J'avais manifesté bien souvent avec des slogans et des banderoles et des mots d'ordre de nos chefs.

— Des salaires décents, mon pote, car là ils sont en train de nous mettre le couteau sur la gorge, entre la grande distribution et les centrales d'achat, les intermédiaires s'en foutent plein les fouilles et nous, on peut bien crever, la bouche ouverte. Ajoutez la PAC qui ne donne qu'aux gros et vous aurez le tableau complet des croqueurs de diamants. On a beau faire des heures et des heures, à la fin, on a toujours zéro pointé. Ça a toujours été comme ça, mais y'a pas de raison que ça ne change pas, si on ne fait rien, ça peut durer jusqu'à la fin des temps et plus encore. Puis le gars a continué : On est payés une misère maintenant, y'a des tas de fermiers qui mettent la clef sous la porte et qui va nourrir le monde après ? Hein, t'en sais quelque chose, je suppose que t'as pas assez d'argent pour le faire réparer s'il tombe en panne, ajouta-t-il en me montrant Bienvenu. On n'arrive même plus à rejoindre les fins de mois.

J'ai appris qu'il y avait là des laitiers, des légumiers, des vachers, des porchers et tout un tas d'autres qui représentaient les métiers, plus des curieux de tout poil.

Là, j'avais le temps de participer à leur manifestation, sinon j'aurais regardé deux fois, car au lieu de manifester, j'aurais pu planter un champ de betteraves, ou moissonner un hectare de blé ou traire mes trente laitières. Francine me reprochait d'y aller, surtout que ça finissait toujours en queue de vache au bistrot. Mais cette fois, j'étais libre comme un retraité, alors forcément… Et puis je comprenais tous ces gens qui venaient réclamer trois francs six sous. J'ai donc suivi le cortège et on est allés jusqu'à la mairie. Là, des potes ont déversé des tonnes de lisier, y'en avait partout dans les rues autour : le purin, t'as beau faire, ça s'enquille partout, ça te coule entre les doigts sans que tu puisses l'arrêter. Une délégation a été reçue par le maire qui devait être un brave homme à son allure, avec l'écharpe sur son gros ventre. Je ne sais pas de quoi ils ont causé, mais sans doute de choses importantes. Moi, j'aurais bien voulu savoir arnaquer les foules, m'exprimer dans des "meetinges", mais la nature ne m'a pas donné la parole facile.

Ceux qui sont restés dehors, dans la merde si on veut bien dire, ils se sont passé ce qu'ils avaient comme victuailles, j'ai fait pareil. J'ai pensé à la multiplication des pains et du vin par le mec Jésus dans un mariage. « Y'a pas que lui qui sait multiplier et partager ! » Avec ça, on a discuté de choses et d'autres, surtout d'autres, *gast* ! Chacun oubliait sa mauvaise condition. C'était pour ça aussi la manif, pour la chaleur humaine entre les enfants de la terre.

Y'a pas à dire, c'est avec un litron et un casse-croûte qu'on est le mieux sur terre. Faut pas les croire quand ils disent que tout est cancérigène, si on les écoutait, on crèverait de faim et de soif. C'est ce que je me disais en regardant toute cette foule accourue qui, à la fin, ne savait plus très bien pourquoi elle était là, mais tous y étaient quand même, car c'est toujours mieux que d'être seul chez soi à ruminer des idées noires.

Un des représentants du commerce des agriculteurs est ressorti après la parlote et il a crié dans son micro :

— Monsieur le maire nous a écoutés. Il a eu le ministère qui s'engage à réunir tous les intéressés. Nous pourrons ainsi mettre nos revendications sur la table au cours d'une réunion entre tous les intervenants.

Et les gens ont applaudi, ça les a réchauffés.

— On a gagné !

Ça criait comme au foot où on ne gagne jamais. Quand il n'y a plus rien à faire, on met les gens en réunion, ils font des tours de tables rondes et tout le monde est content de pouvoir parler, même si ça ne change rien aux problèmes. Les gens ont besoin de mettre des mots sur leur chagrin, même si on ne les entend pas, du moment qu'on les écoute.

Après, on a discuté de ça entre nous soi dit et petit à petit, y'en a un qui s'est barré, puis deux, puis cent et je suis resté seul sur la place avec le purin qui commençait à sécher. Le trop-plein était parti à la rivière, puis à la mer, faut bien qu'il aille quelque part.

Du coup, je n'ai pas visité Saint-Quay, je suis juste allé voir le port de pêche avec ses bateaux oiseaux sur son ventre, mais je conseille à tout le monde d'y aller faire un tour, car le purin a dû disparaître depuis, par les employés municipaux.

Dommage, car il ne restera plus de traces des revendications. Il faut laisser la place nette pour les autres, par exemple ceux qui veulent garder la retraite à 60 ans. Et ainsi de suite, pour que nos voix montent au palais de l'Élysée et au Matignon parisien. Les gars de la haute, ils n'entendent que des rumeurs de la rue et après, ils disent dans leurs soirées chics : « T'as entendu quelque chose, toi ? Non, c'étaient les bruits de la circulation… » On habite tous sur la même planète, mais on n'y est pas tous à égalité de traitement…

LII

Géraldine Buisson avait donc demandé à Mirta de rester sur Vannes, finalement, elle préférait "digérer" seule. La venue de son amie n'aurait rien arrangé. Malgré sa douleur, elle se dit qu'elle devait continuer en mémoire de Conrad. Et puis, désormais, elle avait une nouvelle raison de reprendre la route. Ce Jean Landrezac, ce Jeannot insignifiant, avait pu assassiner son stagiaire et cela lui donnait de nouvelles forces. Le circonscrire, puis lui faire rendre gorge. D'ordinaire, c'était une apôtre de la non-violence, mais là, elle ne savait pas quelle réaction l'animerait. Sur le moment, elle aurait envie de tuer.

Elle avait réussi à convaincre Julien Destrac, le beau lieutenant et, avec l'accord de son boss, c'était lui maintenant qui l'accompagnait.

— C'est à cette seule condition, avait péroré Rosko, que vous pourrez poursuivre votre filature.

Ils avaient assisté aux retrouvailles du père et du fils dans sa crêperie. Le lieutenant de police avait interrogé Ange Landrezac sans se faire connaître et il avait appris que la météo n'était pas au beau fixe dans la famille. Puis les deux compagnons de voyage s'étaient laissé prendre dans une manifestation de paysans. Elle les détesta, eux et leurs revendications. Toujours à se plaindre : du soleil, de la pluie, de la sécheresse, des inondations. Qui viendrait l'aider elle, dans son cabinet, si elle avait des difficultés financières, à part Mirta ? Elle suivait Landrezac du regard, il discutait, serrait des mains, un homme politique en campagne. Elle n'aimait pas les hommes politiques non plus, toujours préoccupés de leur réélection. Décidément, elle avait l'esprit chagrin.

« Et la puanteur qu'ils ont balancée dans les rues, aucun respect pour personne ! Ils abîment les fleurs. » Mirta lui avait donné le goût des plantes et des arbres, sa contre-nature, elles faisaient de grandes balades en forêt ou dans les chemins creux. À cette évocation, une bouffée de tendresse l'envahit. Elle avait hâte de la serrer dans ses bras et de lui dire je t'aime. Avec elle, oubliés les turpitudes humaines, la cruauté des hommes et leur incommensurable orgueil qui leur fait n'aimer les femmes que pour leur corps. Elle avait eu une histoire d'amour, il y a longtemps, mais le jeune homme dont elle était amoureuse s'était noyé en barque, comme la fille et le gendre de Victor Hugo. Il peut y avoir de belles personnes et de belles histoires d'amour, mais elles sont rares. Avec Mirta, elle n'était jamais déçue.

Dans la foule, elle suivit ce Julien Destrac, le sous-flic à la botte de ce Rosko qui, sur cette affaire, n'avançait pas d'un iota. Cependant, elle ne pouvait nier que sa présence la rassurait. Car au fond de ses tripes, elle avait de plus en plus peur. Elle donna un coup de pied dans une boîte de conserve.

— Fais chier !

LIII

Rosko répugnait à la paperasserie, c'était le revers du métier, le prix à payer. Il tria les différentes commissions rogatoires, demandes d'analyses et de réquisitions. Il était en contact avec le procureur, son substitut et le juge d'instruction : Bruno Lemoine. Il avait déjà bossé avec lui, c'était un vrai professionnel concentré exclusivement sur ses dossiers, c'était à se demander s'il avait une vie privée. Il relut les divers rapports d'enquête et procès-verbaux, afin de rédiger "la liste des courses" pour les membres de son groupe disséminés aux quatre vents de la Bretagne. En résumé, le lieutenant Julien Destrac filait Géraldine Buisson qui filait Jean Landrezac. Il redistribua les cartes : Lombard et Stanter continueraient de recueillir des éléments sur le mort de Vannes. Destrac et Bidaut resteraient en relation avec les collègues de Quimper, Classier et Suzanne Verbot avec ceux de Saint-Pol-de-Léon, quant à Bloc et Lambert, ils se mettraient sur l'assassinat de Conrad Turq à Tréguier.

Il fit mettre certains téléphones sur "zonzons". Il rédigea un réquisitoire supplétif, sous couvert du divisionnaire qui appuya officieusement la demande, à la Direction Régionale de la Police Judiciaire, la DRPJ de Rennes. Il inscrivit en résumé que cette affaire de tueur en série devait « *sortir* » au plus vite et que, pour ce faire, il avait besoin d'effectifs supplémentaires. On mettrait plusieurs jours à satisfaire sa requête.

Il mit le "bleu" dans sa voiture de service et refila vers La Vraie-Croix, non sans avoir prévenu la PJ de Saint-Brieuc de se tenir en alerte autour de la cathédrale. On l'avertit qu'ils feraient tout leur possible, mais que ce serait malaisé car c'était le boxon dans la ville, on y donnait la fête au village.

LIV

J'ai descendu la "Côte de Lumière" allumée, j'ai passé Binic et Pordic qui finissent tout pareil en poésie, je les compare à deux grains de beauté qui lézardent au soleil. La mer vient leur lécher les pieds de temps en temps et ça les embellit. L'odeur d'iode leur met du baume au cœur. Je suis bien sûr allé voir leur port de plaisance avec des bateaux qui se balançaient sur la mer.

J'ai laissé les hautes falaises coupées par des vallées en suivant des hauts et des bas. Les plantes m'avaient donné leurs couleurs en enchantement, du jaune des landes et des genêts, du blanc des aubépines qui s'apprêtaient aux prunelles. C'était très sauvage et sans grand monde… Que les oiseaux et des bestioles qui chantaient dans leur langue et en faisant du bien aux oreilles.

Je me suis dit : « Pourvu que la mer ne submerge pas tout ça, avec les grandes marées et la force du vent, que toutes ces villes ne disparaissent pas sous la flotte avec un énorme tsunami, comme on a vu des images aux lointains pays. Faudrait pas que toutes villes du bord de mer deviennent des villes d'Ys qui est une légende, mais qui pourrait bien se produire, avec le réchauffement climatique et la montée des eaux… »

J'ai mis deux jours à arriver à Saint-Brieuc, la capitale des Côtes-d'Armor, parce qu'il y avait tellement de choses à voir et je ne voulais pas forcer sur le matériel. Et puis ces petites routes sur le bord de mer m'épataient tant et tant ! J'ai fini par recommencer à parler et ne plus ignorer mes deux autres. Je faisais des haltes où je leur montrais des vues magnifiques. On partageait des paysages qu'on ne peut pas décrire, mais qui se sentent avec tous les trous du corps.

J'avais à peine quitté la foule des paysans de Paimpol qu'à Saint-Brieuc, je me suis mêlé à la foule tout court. J'ai été étonné car il y avait des flics partout dans leur déguisement ou en civil qu'on renifle. C'était dimanche et y'avait une fête bretonne, parce qu'on aime bien la faire dans toutes les occasions. Des cortèges de personnes défilaient, fières comme tout, avec deux ou trois costauds en pyjama rayé qui portaient le *gwen ha du,* à bout de bras ; ils auraient pu concourir au tir à la corde ou au lancer d'essieu qu'on joue souvent par chez nous. Les Bretons ont besoin de s'agglutiner, de se retrouver à tire-larigot, encore plus que les autres, pour se défendre des envahisseurs qui ont été nombreux. Et puis, c'est malheureux de se retrouver seul en tête à tête. Là, tout le monde s'amusait, les hommes, les femmes, les enfants. Ils trépignaient en regardant passer les bagadoù, les enfants perchés sur leurs épaules pour mieux voir le spectacle au balcon, avec les binious, les bombardes et les grosses caisses, sans comparaison avec le concert d'Axel Cremp, mais c'était pas mal aussi avec le bruit que ça faisait, ça résonnait partout en France. Tout le monde se pressait pour voir, certains hommes en profitaient pour coller les femmes, d'autres jouaient au pick-pocket, mais on n'en voulait à personne, car c'était la fête, on en profitait pour se lâcher et oublier les temps difficiles.

Et puis surtout, on regardait de tous ses yeux… les majorettes. Les femmes comparaient pour voir lesquelles avaient de plus belles jambes qu'elles, les hommes faisaient semblant de montrer comment elles menaient tout le monde à la baguette magique à leurs enfants, mais ils en profitaient pour zieuter leur petite culotte, ce qui mettait le feu à leur braguette. C'est bien connu. C'est comme le patinage à glace à la tévé, on regarde pas les patins, mais les culottes de toutes les couleurs. Heureusement, j'avais laissé Francine dans la remorque, car j'aurais pas pu regarder la jeunesse tranquille, avec elle là sous mes yeux. C'est que les petites avaient des formes un peu partout qui commençaient à se transformer en vrai attirail pour les messieurs.

Les gambettes et les jupettes, ça me met des étoiles partout. Surtout quand j'imagine ce qu'il y a dessous, là, c'est ce qu'il y a de meilleur pour la santé, c'est comme le camembert, quand on a enlevé le papier, c'est si bon à manger qu'on en oublie les moisissures. Ah, *gast*, j'en aurais bien pétri des treize à la douzaine ! C'est pas que je soye plus pervers qu'un autre, mais ces petits corps qui vont devenir des vraies femmes, comme des fleurs en bouton qu'on a envie de cueillir avant la fanaison ou des friandises à lécher comme ces coquilles pleines de bonbon acidulé de l'enfance, ça m'émoustillait. Y'a pas de mal à se faire du bien en pensée, du moment qu'on ne touche qu'avec les yeux.

LV

Géraldine Buisson trouvait dans cette débauche de frasques festives un ennui mortel. La musique assourdissante – plus de décibels qu'un avion au décollage – lui vrillait les oreilles. Elle suivait Jean Landrezac avec difficulté, il fendait la foule d'un pas alerte et assuré. Après quoi courait-il ?

Julien Destrac semblait, lui aussi, prendre plaisir à ce bain humain. Elle remarqua que, comme le pisté, il matait avec envie les jambes des majorettes. Il y en avait de très jolies parmi elles. Une pointe de jalousie vint la piquer. Combien de temps garderait-elle la fraîcheur de la jeunesse ? Elle chassa ses idées noires en se disant que Conrad était le plus à plaindre.

Jeannot s'était attablé avec un quidam libidineux au visage rougeaud et ils plaisantaient grassement. Ça lui évoqua le stupre des porcs. Elle eut subitement envie de gifler Julien Destrac qui riait bêtement devant cette scène… décevante.

LVI

Les fêtes bretonnes, c'est comme les fêtes partout ailleurs, sauf que ça se termine par le cochon grillé. C'est là, en train d'être servi par une bénévole, que j'ai revu Eugène, le paysan de la manif. Il était avec toute sa famille, une ribambelle d'une femme, huit garçons et trois filles.

— Viens manger avec nous, il m'a dit.

Le cochon était servi avec des frites ou avec des pommes de terre. C'était un bon frichti, comme on dit dans nos chaumières. J'ai pensé aux cochons qu'il a fallu abattre, mais on ne peut pas s'en faire pour tout le monde, sinon, on ne mangerait rien. Y'a que la viande de cheval qu'on n'aime pas trop, car c'est un animal plus noble à ce qu'ils disent, moi je n'ai pas d'avis sur la question, mais c'est vrai que je ne me voyais pas bouffer Lamy. Chez mes grands-parents, le charcutier venait à la maison, il assommait le porc avec une grosse masse, il l'égorgeait alors qu'il bougeait encore, il l'accrochait sur le dos à une échelle et il lui vidait les boyaux en moins de deux. Après, il découpait les morceaux et Grand-mère faisait du boudin avec le sang, du pâté de campagne, et les restes étaient salés dans une grande jarre, avant les congélateurs. Et moi j'allais donner quelques morceaux aux voisins pour qu'ils fassent pareil avec les leurs.

Sa Rose à l'Eugène était pomponnée comme pas deux et ses gamins étaient vraiment turbulents, mais ça mettait de la vie sur la tablée. Ils m'appelaient tonton Jean et le plus petit est venu sur mes genoux, ça m'a rappelé mes galopins.

On a parlé du boulot qui n'est pas facile, surtout depuis que j'en ai plus. Eugène, justement, il élevait des cochons.

— Je suis obligé de les piquer aux antibiotiques, sinon, il y a des pertes, et comme ça, on est vacciné contre les maladies.

Il s'est plaint bien sûr du prix bas qu'on vend aux grandes surfaces et du peu qui lui revient à lui.

— J'ai quatre-vingts truies et avec ça, je nourris tout juste ma famille.

Ce qui lui faisait vachement de bouches à nourrir pour un seul homme. Les bénévoles s'activaient entre les tables, toujours un mot plus haut que l'autre pour se faire entendre et prêtes à répondre aux plaisanteries grasses qui augmentaient au fur et à mesure du *gwin ru,* le vin rouge. Avant le café – que les femmes boivent sans rien, leur mari y rajoute une petite goutte sur le pouce pour le sucrer – les hommes normaux sont partis à la buvette. Ils ont toujours des choses importantes à causer avec ceux de leur espèce.

— Alors, comme ça, tu fais le *Tro Breizh* ?

— Ben oui, j'en suis à plus que la moitié.

Je lui ai expliqué que c'était surtout pour Francine.

— Je comprends mieux, parce que t'as pas l'air d'aller souvent à l'église.

Il ne savait pas que beaucoup y vont pour faire du sport de randonnée et pas pour la religion, simplement comme ça, pour prendre l'air et faire du bien à leur corps. On était à la buvette pour faire pareil que les autres et ne pas être montrés du doigt par les petits enfants. Et là, avec le vin aidant et la cervoise, son esprit s'est échauffé, il m'a parlé de ce qu'on cause d'habitude dans les bistrots :

— Tu sais, je monte souvent la mienne et elle ne laisse pas facilement son tour.

Je ne savais pas s'il parlait de sa femme ou d'une de ses truies. En tout cas, il ne devait pas prendre beaucoup de précautions avec l'une ou l'autre.

— C'est une sacrée portée que t'as eue là, encore trois et, après le foot, tu pourras les faire jouer au rugby !

On a déconné encore comme ça longtemps, parce que l'alcool ça ronge le cerveau et ça lui donne des idées bizarres. Mais j'aime bien faire comme les autres pour pas me faire remarquer. Sinon, j'ai l'impression qu'on ne voit que moi. Quand mes parents me faisaient les gros yeux, je ne savais pas où me mettre, je me sentais aussi laid qu'un hibou et j'avais les idées noires. Alors je me faisais tout petit pour pas qu'ils me regardent des pieds au visage qui devenait tout rouge à cause de ma timidité. Je n'ai pas parlé de ça à Eugène, vu qu'il discutait beaucoup de ses histoires de coucherie avec sa femme et même, il disait qu'avec son instrument, il pourrait s'occuper de beaucoup d'autres encore.

Cause toujours, je me suis dit : « Ceux qui en parlent beaucoup sont souvent ceux qui en font le moins. Les mecs, ils bandent surtout avec des illusions… »

*
* *

J'ai dormi sous l'immense viaduc au port du Légué, d'où les gens se suicident en tombant comme des mouches.

La cathédrale avait deux tours entourant un porche : Brieuc à gauche, Marie à droite. J'ai été vraiment impressionné par les dimensions de cette vraie forteresse : plus de soixante mètres de long, des tours, mille cinq cents mètres carrés de surface, un vrai monument fortifié !

À l'intérieur, se trouvaient des reliques du saint ; je ne sais pas pourquoi elle s'appelle cathédrale Saint-Michel. Après celui de l'Annonciation dans une chapelle, j'ai regardé le tableau *L'Assomption de la Vierge*, c'est quand elle a été enceinte sans avoir eu de jules. Y'a eu quelqu'un qui passait par là, le doigt de Dieu, et qui lui a mis un fruit dans les entrailles : Jésus-Christ, un bon petit qui a fait les quatre cents coups. Ce sont des choses qui nous dépassent et qu'on n'est pas obligés de croire ; à chacun son opinion sur la question.

J'ai été impressionné par l'orgue énorme, comme celui de Saint-Pol-de-Léon, car on se demande comment un machin comme ça peut faire de la musique si douce et emporteuse ; ça doit être une question de tuyauterie. D'ailleurs, le plombier en jouait et c'était presque aussi beau que l'autre fois au concert, les notes volent plus facilement sous les voûtes, car elles ont de la place, elles se faufilent partout en écho.

Tout en écoutant la musique, j'ai lu la vie dc saint Brieuc et, je vous le dis, je suis tombé sur le cul, sans manquer de respect à personne. C'était un mec qui est venu de Cardigan, comme le vêtement, au Pays de Galles, avec quatre-vingt-quatre disciples pour être précis, ils tenaient les comptes exacts. Ces gars-là se déplaçaient tous avec des suites, car des foules les suivaient comme des moutons. Figurez-vous qu'il avait des dons de guérisseur, mais surtout, il a réussi à faire s'agenouiller des loups, ce qui n'est pas commode, devant lui.

Je fis le rapprochement : loups, chiens-loups… « On peut dire qu'ils se sont agenouillés devant moi avec l'aide de Camembert ; ce n'est pas que je me prends pour un saint, mais tout de même, il existe des ressemblances… » Ensuite, il a été sacré prêtre à Notre-Dame de Paris, c'était quelqu'un, ce monsieur-là !

J'ai constaté à Francine :

— Jamais trois sans quatre, c'est la quatrième fois qu'il m'arrive la même chose que le saint que je t'emmène voir. Tu imagines, Francine, combien je suis obligé de me troubler et de me poser des questions…

Elle, elle ne devait pas écouter, complètement prise par toutes ces bondieuseries et essayant de se rattraper pour gagner le Paradis qu'elle devait commencer à entrevoir de plus près.

LVII

La Vraie-Croix attirait mystérieusement le commandant Rosko. Était-ce à cause de cette fameuse histoire… Un chevalier des Hospitaliers de Jérusalem revenant de croisade, ramena la croix du Christ. Il s'arrêta dans le bourg. Le lendemain, en repartant, un morceau avait disparu. On le retrouva dans un nid de pie, en haut d'une aubépine. Les habitants le récupérèrent, mais le lendemain, il se retrouva au même endroit. Ils y virent un signe et décidèrent d'ériger une chapelle à l'endroit de l'arbre pour y abriter la relique. « Toute histoire a un fond de vérité », aimait dire cet anarchiste de la pensée qui ne considérait rien comme définitif et toute vérité, fluctuante.

Armand, du café éponyme, lui avait dit que « beaucoup de mystères peuvent s'éclaircir à l'église, ici, dans nos campagnes. » Ça l'avait laissé perplexe, mais après tout… Sa tête se baissa instinctivement en entrant dans l'édifice, comme si son grand corps malade acceptait de se plier au sacré des lieux. Des restes qu'il conservait de son passage comme enfant de chœur. Quand quelque chose nous dépasse, on dédramatise souvent la situation en prenant le tout à la rigolade et en faisant des blagues. Ils buvaient une gorgée de vin blanc avant d'en remplir les fioles, se gavaient d'hosties. Le curé aimait ça, le pain et le vin. C'était pour la bonne cause, ainsi soit-il ! Officier sur l'estrade devant des fidèles était impressionnant et pour tout dire donnait de l'importance. La première fois, il s'était pris les pieds dans les fils des cierges électriques – dans les fils du progrès… Il se souvenait de ce chef de chœur qui avait le droit de s'asseoir près du curé pendant la messe et qui sonnait la clochette trois fois « Prions le Seigneur ! » Et les ouailles baissaient la tête en signe d'humilité.

Puis, à seize ans, ça lui était tombé dessus sans crier gare : il décida de ne plus croire en Dieu. Ni en personne. Même pas en lui-même. Mais il n'était pas sûr de cela non plus. Il se trouvait encombrant.

Le curé Bourdin s'affairait auprès d'un meuble où il rangeait des prospectus – payants naturellement, l'Église a besoin de fric et les ouailles se font rares, alors on fait appel au bon cœur des donateurs. Y'en a toujours qui visitent les lieux religieux, ils cherchent un passage, on ne sait jamais…

Il se présenta, et l'homme d'Église le regarda avec circonspection, comme si c'était sacrilège de vouloir mener une enquête dans son église, genre « Jésus n'est pas un malfaiteur et ceux qui y croient sont incapables de commettre des péchés. »

— Jean Landrezac…

— Ah…

— Mais encore…

— Jeannot n'est pas le mauvais bougre, mais il a un petit penchant, un péché pas si mignon que ça…

— L'alcool ?

— Ce n'est pas un alcoolique à proprement parler, mais il apprécie la dive bouteille, ce qui lui fait faire des choses pas très…

— Catholiques ?

Le curé se détendit, l'autre avait de l'humour et c'était une qualité qu'il appréciait.

— Il ne vient pas très souvent à l'église, préférant une autre chapelle.

— Chez Armand…

— Il y passe beaucoup de temps… trop, lui ai-je souvent dit, avec son acolyte…

— Alcoolique…

Cette fois, Rosko y était allé un peu fort dans le mauvais esprit.

— Yvon.

— Celui qui garde ses bêtes ?

— Vous semblez bien renseigné…

— C'est mon métier… Et Francine, dans tout ça ?

— Ah, Francine, c'est autre chose, elle s'est remise entièrement entre les mains du Seigneur, c'était une régulière, tous les dimanches, même des fois plus…

— Vous l'avez confessée et même si vous n'avez pas le droit de…

— Non, ça c'était pour Benjamin… Et il précisa, devant la moue étonnée de Rosko : Laporte, un séminariste en stage chez nous. Au début, il avait la vocation et puis, ça s'est éloigné.

— On jase sur ses rapports avec Francine.

— On ne peut empêcher les gens, mais croyez-moi – cette fois Rosko sourit – il n'existait entre eux qu'une relation pure d'amitié et de tendresse.

— D'une mère pour son fils ?

— Si vous voulez…

— Il a dû être peiné d'apprendre sa mort…

— Il était déjà parti.

— Au séminaire ?

— Non, il a rompu ses vœux, il n'était plus fait pour se consacrer à la passion, il est retourné chez lui.

— Vous avez son adresse ?

— Le père Lefranc, au diocèse de Rennes, pourra vous renseigner.

Rosko remercia le père Bourdin pour son témoignage, il l'avait trouvé sympathique et intéressant. Dès que possible, il allait interroger ce… Benjamin Laporte, dit Benji.

LVIII

Les événements s'étaient bousculés et Géraldine Buisson avait du mal à suivre. Derrière la cathédrale de Saint-Brieuc, on avait retrouvé un cadavre, le corps caché derrière un bosquet d'hortensias. Comme à Vannes. Comme à Vannes aussi, et comme dans les autres villes traversées par Jean Landrezac, une dent de herse l'avait envoyé dans la baie des Trépassés. La preuve par neuf était fichée dans sa poitrine.

Julien Destrac appela Rosko.

— Il a dormi sous un viaduc.

— Vous l'avez surveillé toute la nuit ?

Rosko comprit à l'absence de réponse qu'ils s'étaient endormis. Jean Landrezac avait pu, une nouvelle fois, commettre le meurtre.

— Marcel Soulac, un retraité qui promenait son chien. Le clebs est rentré, mais pas son maître. Sa femme a prévenu les pompiers qui ont alerté la brigade. Ils ont promis de commencer les recherches le lendemain matin, les collègues de permanence ne se sont pas inquiétés outre mesure et…

— Et il est mort. On va se faire taper dessus. Tu prends connaissance du rapport, tu te fais aider de

Souchet et surtout tu ne lâches pas Géraldine Buisson d'une semelle. Vous continuez la filature. Moi, j'ai affaire ici. Figure-toi qu'on a eu les analyses concernant le mort de Saint-Pol-de-Léon. On a trouvé des empreintes digitales : ce sont celles de Daniel Chicoine.

Julien Destrac avertit Géraldine Buisson :

— C'est votre commanditaire, le frère de Francine Landrezac.

La détective privée en avait été mortifiée. Un tel individu, à l'apparence banale, avait été capable de commettre tous ces meurtres. Elle doutait de l'espèce à laquelle elle appartenait.

— Rosko a dit que vous devez continuer à suivre Landrezac, je vais me faire remplacer par un collègue auprès de vous, Souchet, vous verrez, il est sympa, Rosko s'occupe de votre client, il va le convoquer dans les locaux de la police à Vannes. Bien des questions se posent.

Elle trouvait définitivement ce jeune dynamique et intelligent.

LIX

En ajoutant le nouvel assassinat à Saint-Brieuc, cela faisait cinq morts, ce qui faisait cinq morts de trop ! C'est ce que beugla en substance le taulier, Eugène Lerabeau, au commandant Rosko. Ce dernier, pour une fois, encaissa sans broncher, l'autre avait raison. Ces affaires commençaient à lui peser plus que de coutume et il ne savait plus à quel saint se vouer – ce qui était un comble dans ces couplets religieux. Il pesta malgré tout contre le boss, pour faire bonne mesure, il avait dû lui-même recevoir une soufflante du grand patron de Rennes. D'ici à ce que le ministre de l'Intérieur en personne fît une descente…

Il avait laissé mijoter Daniel Chicoine et celui-ci tournait comme un animal pris au piège. C'était une personne qui avait davantage de prestance que son beau-frère, autant dans sa tenue que dans son allure, il était grand, le port altier. Il avait les cheveux grisonnants qui lui donnaient un air bienveillant auquel le commandant ne se laissa pas prendre.

Rosko se présenta. Il s'agissait d'une audition dans une affaire criminelle. Le témoin déclina son identité et son curriculum vitæ. Il était directeur d'une association de réinsertion, il avait un réseau relationnel important sur Vannes et il ne comprenait vraiment pas ce qu'il faisait là.

— Vous avez bien payé les services d'une détective privée ?

— Est-ce interdit par la loi ?

Johnny Rosko ne répondit pas, il ne répondait que rarement aux questions, par contre, il mettait un point d'honneur à ce qu'on réponde aux siennes.

— Géraldine Buisson a donc été payée par vous pour suivre votre beau-frère ?

Il fronça les sourcils.

— Les nouvelles vont vite, il est vrai que vous faites des métiers voisins.

— Pourquoi engager de l'argent dans cette filature ?

— Je ne suis pas une balance, mais il l'a bien cherché. Francine… c'est ma sœur…

— C'était, je sais…

— Elle m'a dit plusieurs fois qu'elle craignait pour sa vie.

— Beaucoup d'autres le disent aussi… N'était-elle pas atteinte d'une maladie grave qui hypothéquait sa durée de vie ?

— Cancer… cette saloperie ! Mais elle se battait, je vous jure, contre le crabe, avec toutes ses forces, peut-être s'en serait-elle sortie… En tout cas, son mari ne lui en a pas laissé le temps.

— Vous voulez dire qu'il l'a aidée. Vous portez de graves accusations.

— Je répète ce qu'elle m'a dit. Je lui ai conseillé d'en parler à la police.

— Il y a une main courante dans ce sens. Mais ça ne fait pas de votre beau-frère un assassin, entre l'intention et le passage à l'acte…

Il regarda le commandant dans les yeux, il avait les iris sombres, approfondissant son regard.

— Je sais que c'est lui. Il a prétendu qu'il était dans les champs quand elle est tombée, mais il était là et il l'a poussée.

À cette évocation, un voile de tristesse lui couvrit les yeux.

— Pour ce meurtre, en tout cas vous le prétendez, nous n'avons aucune preuve de ce que vous avancez. Par contre, dans les assassinats en série qui jonchent l'itinéraire de Jean Landrezac, nous en avons une et des plus accablante… mais pas contre lui. Rosko s'avança brusquement sur son fauteuil. Vous voyagez beaucoup pour votre association… L'arme du crime employée à Saint-Pol-de-Léon a révélé une empreinte.

Le témoin bougea sur sa chaise. Rosko pointa un index sur Daniel Chicoine.

— La vôtre !

Cette fois, les paupières de l'accusé se fermèrent imperceptiblement.

— C'est impossible !

— Sur la dent de herse employée, il insista volontairement, on a trouvé vos empreintes digitales.

— C'est impossible !

— Vous vous répétez en écholalie… Vous avez un casier, monsieur Chicoine, pour malversation. Ce qui nous a permis de comparer vos empreintes… dans notre jargon, on dit qu'elles ont "matché".

— C'était une question de vie ou de mort pour l'association que je dirigeais auparavant. J'ai été obligé de trafiquer les écritures, sinon, les cinq employés étaient mis à la porte.

— Ce qui s'est passé en fin de compte… Elle a fait faillite.

— J'ai payé pour ça, un an avec sursis. Mes nouveaux employeurs m'ont fait confiance malgré tout. Ils n'ont pas à le regretter.

— Alors, monsieur Chicoine… ces empreintes…

— Je ne m'explique pas… ou alors si, peut-être… il réfléchit. Un jour qu'il était au café… Chez Armand…

— Je connais.

— …j'en ai profité pour fouiller chez lui. Je cherchais un indice pour prouver l'assassinat de Francine.

— Vous y tenez…

— Dans un meuble de remise, j'ai trouvé un sac contenant des objets lourds. En ouvrant, je me suis aperçu qu'il s'agissait de dents de herse huilées et empaquetées. C'est en ouvrant que j'ai dû laisser une empreinte.

Ça se tenait, même si c'était tiré par les cheveux. D'autre part, ça enfonçait davantage son beau-frère.

Mais lors de sa fouille, l'officier n'avait rien trouvé de tel.

— Je suis obligé de vous mettre en garde à vue.

Daniel Chicoine ne protesta pas, sûr que son innocence allait éclater. Mais était-il sincère ?

LX

À Hillion, dans la baie, j'ai voulu visiter un cimetière, car on ne va pas souvent dans ces endroits-là sans y être invité. Chez nous, je vais souvent voir Francine et je parle sur sa tombe, c'est plus facile car elle ne peut plus me répondre, j'y mets des fleurs, surtout des artificielles, ça dure longtemps. On était à la tombée de la brune et les croix, vous auriez dit une forêt. Si ça se trouve, la nuit, les morts sortent tous de dessous leur pierre tombale et ils font des rondes sous la lune. Ils doivent se fendre la gueule en pensant aux vivants qui creusent leur tombe, tous ensemble à jouer avec la mort, alors qu'eux, y sont déjà installés et qu'ils ne sont pas si malheureux que ça. C'est fou ce qui se passe la nuit pendant qu'on dort.

Certains ne leur rendent visite qu'à la fête des fleuristes, ils sont contents d'être venus ce jour-là, ils sont tranquilles jusqu'à l'année prochaine ; c'est l'action pour leur bon cœur. Faut voir les mines tristes de ceux qui font semblant, car bien sûr, ils n'ont pas tous de la peine, certains sont même plus qu'heureux à cause des héritages.

Je me suis assis sur une tombe, la maison d'un

inconnu, et j'ai cassé la croûte là, pour l'intimité et j'ai pensé à la mienne de mort, je serai tout pareil après le refroidissement de ma planète. Mais ça ne m'a pas rendu triste, car la mort fait partie de la vie ; entre parenthèses, il faudrait demander au bon Dieu : s'il nous met au monde, pourquoi il nous fait mourir ? Le mort, lui, il n'a plus de rhumatismes, plus de craquements, plus de mal au cœur, plus de cors aux pieds, plus de soucis, il a une sacrée bonne retraite et il peut vivre heureux dans sa nouvelle résidence secondaire, sans payer d'impôts. On n'est pas tout seul à mourir, d'abord y'en a plein qui meurent en même temps que nous, y'en a plein qui sont déjà morts et plein d'autres mourront par la suite, alors ça ne doit pas être si mal que ça pour que tout le monde y passe…

Un mec est passé dans la rue et en me voyant becqueter sur une tombe, il s'est mis à m'insulter en disant que les morts, ça se respecte, on ne peut pas faire n'importe quoi dans un cimetière, surtout pas profaner l'endroit, ce n'est pas des façons de manger sur le dos des morts – sur leur ventre, Monsieur ! – etc. Je n'ai pas répondu, encore un qui n'a rien compris… et je l'ai planté là avec ses pensées mal placées.

Entre Pléneuf-Val-André et Erquy, j'ai voulu piquer une tête. Ça faisait une paille que je n'avais pas nagé et puis ça me ferait du bien un bon bain pour me décrasser, quand on habite près de la mer, on y va moins car on sait qu'elle est là, pas besoin de s'y rendre à tout bout de champ. Autrefois, j'étais un champion de natation, je nageais comme un poisson. Je prenais ma bicyclette et fallait me voir pédaler et enrouler les kilomètres jusqu'à la grande bleue.

Cette fois, j'avais descendu le tracteur, car rouler sur le sable, c'est pas du terrain propice à une dépanneuse et je voulais voir comment ça fait le Paris-Dakar. Voilà qu'une mouette me fiente sur l'épaule, je les appelle les mouettes chieuses, y'a personne à des kilomètres, mais il faut qu'elles viennent au-dessus de votre tête et qu'elles lâchent les gaz, c'est plus fort qu'elles, elles sont attirées par les hommes et elles adorent les foutre dans la merde. Bref, j'étais perdu dans mes pensées sur les oiseaux marins, quand j'ai vu quelqu'un qui gesticulait avec des grands signes de ses bras. Au début, j'ai pensé qu'il me faisait coucou par politesse, mais je me suis aperçu qu'il était en train de se noyer. Je me suis jeté à l'eau. Quand je suis arrivé près de lui, il transpirait de froid, il commençait à être violet ; il m'a crié dans le bruit des vagues :

— Vite, aidez-moi, j'ai une crampe !

Je l'ai empoigné par les épaules et, sans me vanter, je l'ai ramené au chaud sur le rivage. J'avais encore de beaux restes pour le sauvetage en mer, moins que ceux de la SNSM, mais quand même ! Je suis allé lui chercher une couverture dans la remorque et j'ai fait le 18 dans une cabine téléphonique.

Les secours sont arrivés et ils l'ont embarqué dans

le fourgon. Les pompettes m'ont demandé mes
« coordonnées », comme ils disent, au cas où y'en
aurait besoin.

— Où on peut vous joindre ?

J'ai blagué :

— Sur ma dépanneuse, entre ici et Saint-Malo.

Ils ont rigolé, c'étaient des drôles, mais attention… efficaces. Moi, je ne crache pas sur ces gens-
là qui font un boulot du tonnerre, sans être beaucoup
payés et qui ne demandent rien d'autre qu'un remerciement aux étrennes.

*
*   *

J'ai installé mon tout au cap Fréhel, près de la
falaise surmontée d'un phare breton fouetté par le
vent du large. Mais là-bas, si tu n'es pas arrimé, tu
t'envoles. Il y avait une superbe belle vue sur l'infi-
nité de l'océan et, en végétation, que des bruyères et
de la lande, parce que personne de normalement
constitué ne peut vivre là à l'année. J'étais grandio-
se. Tiens, je me serais bien envolé jusqu'en Angle-
terre, ou alors pour le tour du monde, pour voir du
pays de toutes les couleurs ; comme tu voles, tu ne
vois pas les saloperies d'en bas ni les tas d'ordures,
ni la méchanceté des hommes, tu n'es qu'un oiseau
qui peut chier sur les fourmis.

Au loin, j'ai admiré le fort La Latte qui domine
une très belle baie.

*

*   *

Je suis descendu de là-haut et j'ai filé vers Saint-Cast-Le-Guildo, une grande station balnéaire avec un petit port sympa, pour grimper sur la colline. J'ai revu le fort et le cap, avec un coucher de soleil à couper au couteau et le souffle, j'ai photographié ça dans ma musette pour les longues soirées d'hiver où on n'a rien à se mettre. Dans un endroit sympa, j'ai bivouaqué pour la nuit. J'avais décidé de ne pas dormir pour regarder la belle étoile et ses copines. J'ai installé Camembert auprès du feu que j'ai fait, interdit en cette saison, et Francine que j'ai posée avec son cadre contre un rocher, pour pas qu'elle brûle. J'ai fait griller des sardines que j'avais achetées à la criée. Par là-dessus, un bon verre de muscadet du pays nantais et j'étais avec les anges.

Mes anges aussi avaient l'air contents, ils remuaient la queue, surtout Camembert à qui j'avais gardé des os, Francine, elle, changeait de couleur avec les flammes du feu.

On ne prend pas assez le temps pour regarder les étoiles et tous les astres accrochés là-haut ; paraît qu'y a des trous noirs où on peut se noyer dedans et un tas d'étoiles éteintes mais qui brillent encore, c'est un grand mystère qui nous entoure. Dire qu'on serait né de leurs poussières, c'est assez normal, vu qu'on y retournera tous en heure. On ignore un tas de choses autour de nous et la lune aussi qui nous nargue de sa hauteur. Quand j'ai vu une étoile filante, j'ai fait un vœu : « Que je termine NOTRE *Tro Breizh,* pour que Francine ne soit pas obligée de brûler en enfer ! »

J'avais l'impression d'être dans un champ de marguerites, ses fleurs préférées, parce qu'à force de regarder à se tordre le cou, on y monte et on peut cueillir celles qu'on veut dans un bouquet plus grand qu'une longère. Tenez, si j'avais eu une guitare, et si j'avais su en jouer, je nous aurais fait de la musique comme l'autre soir au concert. Et les lapins auraient fait une ronde autour du feu et ils auraient dansé en montrant leur cul blanc. Mais faut pas rêver ! Puis mes paupières se sont endormies toutes seules avec du sable dedans.

Au petit matin frisquet, le feu s'était éteint depuis longtemps, j'avais mis mon sac de couchage par terre et l'humidité de l'aurore m'a réveillé, ou la rosée qui se dépose légère comme une plume sur toutes les choses. Et le soleil petit à petit est sorti de sa boîte de nuit et a commencé à foutre de la lumière partout, et un peu de chaleur. J'ai su à ce moment-là que j'existais dans tout ce matériel et ça m'a fait du bien aux pensées mystérieuses. Il y avait du rose et du bleu parsemés, comme sur la palette du peintre de Francine à Pont-Aven. Mais il faut être très doué pour attraper toutes les nuances, ce n'est pas donné à tout le monde. Mes oreilles se sont mises à chauffer, puis l'ensemble du corps, pour me dire de me lever. C'est comme ça qu'on marchait avant :

au soleil, c'était à la « vieille », maintenant on est déboussolé par rapport à lui, c'est pour ça qu'on perd souvent le nord ; y'a des heures d'été, d'hiver, avant y'avait pas d'heure qui tienne, que le soleil à regarder et voir avancer son ombre sur les cadrans. Manquait plus que le chant du coq. Le lever du soleil était beau comme sur les cartes postales. « Tiens, j'en enverrai aux gosses, à la prochaine ville. Je parlerai aux petits pour raconter aux grands entre les lignes. J'essaierai de leur traduire ce que j'ai vu avec la nature qui n'a rien de plus beau. Je leur rendrai ce que j'ai prisonnier dans mes yeux… »

*
*　　*

J'en ai posté deux à Matignon dans les Côtes-d'Armor. C'est assez difficile d'écrire, car les mots ne s'habillent jamais comme on voudrait qu'ils soient dans leurs vêtements. Ils nous échappent comme le sable dans les mains. J'ai écrit en m'appliquant ; à ce moment-là, je tire toujours la langue, et Francine se moquait de moi, elle finissait par me prendre le stylo des mains et écrire à ma place.

« *Bonjour à tous*
Tout va bien pour moi
Bons baisers, à bientôt. »

Le reste, ils le verront sur le coucher de soleil de la carte postale qui raconte mieux que moi. J'ai signé.

Ça m'a fait tout drôle d'envoyer du courrier de

Matignon, je me suis pris quelques minutes pour le Premier Ministre, ça m'a donné de l'importance. Mais je sais que ces gens-là ont trop d'occupations pour écrire leur courrier eux-mêmes, ils ont une flopée de secrétaires, sans doute plus mignonnes les unes que les autres, et des chefs de cabinet intelligents.

Les gouvernements sont des gens importants qui dirigent le pays avec des mains de maître et ils n'ont pas le temps d'écrire, même à leur famille. Ils ne peuvent s'occuper de tout le monde, alors ils ne s'occupent de personne, car y'en a trop, pour trouver des solutions à leurs gros problèmes. Il faudrait que les gens arrêtent de se plaindre ou alors il faudrait un ministre du bonheur qui prendrait tout en charge à votre place pour enlever tous les tracas et les soucis de la vie quotidienne, ceux qui pèsent leur poids. Il donnerait tant et tant, à droite et à gauche, que les Français en intégralité seraient heureux comme tout.

Mais il m'a fallu quitter la ville, car on ne peut pas tous y rester, sinon, ça deviendrait invivable… Et j'ai taillé la route.

LXI

Rosko avait donné des directives, chacun chargé de s'activer aux divers points chauds. Il avait laissé Daniel Chicoine entre les mains de ses collègues et il se rendit à Rennes pour rencontrer celui qui avait raté sa vocation de cureton, l'ancien séminariste Benjamin Laporte. Tout en roulant, il fit le point sur cette affaire totalement déroutante – même si elle pouvait avoir un rapport avec la route, genre Kerouac. Un suspect était entre les griffes policières, un autre se baladait en tracteur, sa veuve sous le bras dans un cadre – il ne pouvait pourtant pas l'encadrer – et il y avait une myriade de possibilités.

Jusque-là, on avait eu beau creuser, il n'y avait aucun lien avéré entre les différentes victimes. Rosko avait laissé tomber la piste de l'espionnage, même si ça aurait été une nouveauté pour lui, c'était peu probable. Alors ? Alors, il fallait s'acharner.

Il trouva facilement l'immeuble de Benjamin Laporte, dans un des nouveaux quartiers de Rennes, du côté de la fac Villejean. Le collègue qui l'avait prévenu lui avait demandé de rester chez lui, on passerait le voir. Un jeune homme d'aspect lunaire, les bras longs, le dos voûté, enténébré dans une humeur chafouine, vint ouvrir au commandant.

— On m'a dit… en début d'après-midi et vous vous pointez à seize heures, je n'ai pas que ça à faire, vous attendre…

Il avait des cheveux hirsutes coiffant une grosse tête, le nez aquilin, un visage dissymétrique, le tout contrebalancé par un corps fin et élancé. Il dégageait une impression bizarre, ne décolérant pas contre les forces de l'ordre, mais ce n'était pas fait pour déplaire à Rosko, il aimait bien que l'autre en face soit en situation de déséquilibre, plus facile avec les gens de tempérament.

— Je viens vous parler de La Vraie-Croix.

— De l'histoire ancienne.

— Pas si ancienne que ça ! Asseyez-vous !

Rosko montra une chaise au jeune homme – dans les 25 ans. Quant à lui, il s'assit également, mais à l'envers, les bras croisés sur la traverse supérieure… toujours le déséquilibre. Ça lui donnait un air décontracté, alors qu'il était tendu comme un ressort, concentré sur ce qu'il avait à presser du vis-à-vis.

— Il s'y est passé des événements dont vous avez été le témoin…,

— C'est-à-dire ?

— C'est-à-dire que vous étiez très proche de Francine Landrezac.

— Je ne peux le nier.

— Vous avez été très affecté par sa mort ?

Benjamin Laporte commençait à se détendre, Rosko le nota à des détails imperceptibles, une sorte de sixième sens roskovien.

— Nous étions très proches.

— À quel point ?

— On n'était pas amants, si c'est ce que vous insinuez. Nous étions bien ensemble, elle aimait se reposer dans les bras de la religion. Cette femme avait de quoi se plaindre, j'ai trouvé chez elle une belle personnalité. Des gens comme ça m'ont conforté dans mon désir de devenir prêtre.

— D'autres, non !

— Tout le monde n'est pas parfait, au moins pas tel qu'on le souhaite.

— Le curé… Il hésita… Bourdin m'a dit que vous la confessiez souvent…

— Deux ou trois fois. Francine avait besoin de se confier.

— À cause de…

— Le secret de la confession.

— Primo, vous n'êtes plus dans le giron de l'Église, secundo, j'enquête dans une affaire criminelle et tertio…

Il ne lui laissa pas terminer sa phrase.

— « S'il m'arrive quelque chose, au moins vous, vous saurez qui c'est. » C'est on ne peut plus clair. Son mari l'a tué pour de l'argent et il a continué ses meurtres, une fois lancé.

— Supposons que ce soit lui, pourquoi les autres assassinats ?

— Ça, c'est à vous de le découvrir… mais je pense que tuer une fois peut ouvrir des portes en soi.

— Cela vous est arrivé ?

— Ne jouez pas au plus malin.

— Vous avez changé d'activité, je veux dire, vous n'avez pas prononcé vos vœux, pourquoi ?

— C'est personnel.

— Mais encore…

— Une femme, je ne peux faire vœu d'abstinence.

— Où l'avez-vous rencontrée ?

— Ici, à Rennes, quand je rentrais le week-end.

— Et maintenant ?

— Elle n'a pas répondu à mes avances.

— C'est fâcheux.

— C'est la vie, d'ailleurs, j'en ai changé. Je suis représentant de commerce.

— Autrement dit, itinérant.

— En effet, je sillonne la Bretagne… Il nota le sourire de Rosko. Mais je peux vous donner un alibi pour chaque meurtre, car je vois où vous voulez en venir.

— Assassinat.

— Pardon ?

— Ce ne sont pas des meurtres, je les suppute prémédités, ce sont donc des assassinats.

— Je n'y suis pour rien. J'ai juste aidé une femme dans la peine et le besoin, à s'en sortir.

— C'est louable… Connaissez-vous la ferme des Landrezac ?

— Naturellement, je suis allé plusieurs fois au Minio.

— Avez-vous remarqué des dents de herse ?

Cette fois, ce fut lui qui sourit. Il fit un signe négatif de la tête.

— Je ne vais pas vous déranger plus longtemps.

À son air, il vit qu'il préférait ne pas le revoir de sitôt. Rosko avait du mal à cerner ce "gentil" garçon, pourfendeur de l'injustice, défenseur de la veuve et de l'orphelin. Il possédait une personnalité au minimum duale, qui permettait toutes les suppositions.

LXII

Il existe des personnes avec lesquelles le courant ne passe pas, ce fut le cas entre Géraldine Buisson et l'adjudant Souchet. Ce dernier ne possédait pas une once de psychologie et la détective privée n'avait pu le supporter qu'une demi-journée. Rosko s'était laissé convaincre par son second appelé au secours et il avait inversé les rôles. Souchet restait à Saint-Brieuc, tandis que Julien Destrac reprenait la filature avec elle. Il régnait maintenant, dans l'habitacle, une sorte d'harmonie. Les deux personnes avaient vidé leur sac, rapproché leurs points de vue en acquérant une petite connaissance de l'autre et en passant sur ses défauts. Il n'y aurait pas d'histoire d'amour entre eux, mais un certain confort. Géraldine avait besoin d'une personne rassurante après la mort de son stagiaire. Elle demanda au policier :

— Comment est votre chef ?

— Je ne comprends pas la question.

— Vos rapports… quels sont vos rapports ?

— Cordiaux. C'est un homme charmant si on sait le prendre. Mais parfois, avouons qu'il est… déconcertant. Il est admiré ou détesté. Selon ses propres mots : « On dit toujours de moi du trop mal ou du trop bien, je jouis des honneurs de l'exagération », il cite souvent Talleyrand, l'un de ses modèles, l'autre est Grand corps malade.

— Et cette enquête, comment la prend-il ?

— Il est très étonné par ce Jean Landrezac, on pourrait lui donner le Bon Dieu sans confession, mais il se méfie d'instinct, il déteste les évidences. Il a eu des problèmes de jeunesse, dans un environnement rude. Roscoff, vous connaissez ? Il lui expliqua les mystères de l'onomastique. Son père était marin, avec la dureté de ce que cela comporte.

Géraldine Buisson revit la sienne, cocoonée dans une sorte de maison de poupée, ses parents se pliant en quatre pour satisfaire ses moindres caprices, revers de la médaille, elle avait toujours eu du mal à se heurter aux déceptions de la vie. Elle avait pris des coups sans savoir se défendre et puis, peu à peu, après des expériences malheureuses avec les hommes, elle avait retrouvé une certaine harmonie en compagnie de Mirta.

— Il est parfois un peu bourru, sûr de lui, faisant piètre cas de l'opinion des autres. Il faut – il eut un sourire ironique – contourner l'obstacle.

— Et tel que je vous vois, vous savez très bien le faire…

Ils assistaient de loin au sauvetage par Jean Landrezac d'un homme qui se noyait. La détective privée ne put s'empêcher de commenter :

— On a tous plusieurs personnes en nous, des bonnes et des mauvaises, tantôt les unes, tantôt les

autres l'emportent sans qu'on sache vraiment pourquoi. Difficile dans son cas de savoir à laquelle on a
affaire, n'est-ce pas ?

Était-ce la beauté du geste ? Elle mit sa main sur
sa main. Julien Destrac sentit des vibrations. Géraldine aussi. Il aurait fallu approfondir, mais ils n'en
eurent pas le loisir, car Jean Landrezac reprenait sa
marche en avant.

LXIII

À Saint-Jacut-de-la-Mer, on a l'impression d'être dans un autre siècle, les maisons, pignon sur rue, sont groupées en plusieurs rangées pour se protéger du vent, elles tournent le cul à l'océan. C'est une presqu'île qui s'enfonce dans la Manche et où l'eau pourrait arriver jusqu'aux épaules si on la laissait faire. On peut se rendre à pied à l'île des Ebihens à marée basse, par la lagune qui fait une langue de sable.

Dans le vieux bourg de pêcheurs, devant un café, j'ai vu deux accordéonistes en costume breton qui chantaient la chanson du pays, pensez si j'ai écouté avec mon attention, j'adore cet instrument et les chansons bretonnes. J'ai recopié le refrain :

« Un beau jour,
Fait's un tour
À Rougerais et sur la pointe de l'Isle :
Vous verrez comme c'est beau
Saint-Jacut avec ses p'tits bateaux.
Le pays
Si joli
Où la mer reste calme et tranquille.
Si vous n'l'avez vu
Allez à Saint-Jacut
Voir le chef de l'Isle. »

Et par là-dessus, cinq couplets.

À la fin, ils ont eu tellement soif qu'ils sont allés se verser un godet à côté. Je me suis installé à une table et j'ai écouté leurs conversations. En général, les gens se chamaillent pour un rien, mais là, ils sont restés calmes.

Bien sûr, ils parlaient des femmes des autres ou des soubrettes en jupe courte avec un tas de promesses sous leur jupon. Après, ils embrayent toujours sur la mécanique et le bricolage, ça empêche de penser à autre chose. Les grosses blagues font oublier tout le reste. Ce sont des conversations jamais plus hautes que la culotte car c'est par là que tout commence et que tout finit.

*
*   *

J'étais arrivé dans le 35, sans m'en rendre compte.

Et me voilà à Saint-Briac, un village d'anciens marins du Cap Horn et de Terre-Neuve.

À Saint-Lunaire, ça m'a fait penser à la lune de l'autre soir, on trouve de hautes maisons anciennes en bord d'eau. L'église a un enclos paroissial, encore un truc bien breton, tout près de la rue de la Vieille. On trouve aussi plein de falaises et de rochers, vers la pointe du Décollé, c'est là que je l'ai rencontré. Il est arrivé à mon cul dans une grosse Volvo et je ne sais combien de chevaux sous le capot, certainement un bon troupeau. Il a klaxonné, je l'ai traité de « Pov'con ! » par habitude, puis il a fait des appels de phares, « T'as qu'à doubler, connard ! » et j'ai fini par lui faire, comme tout le monde, un bras d'honneur. Dans nos véhicules, on n'est pas normaux, on sort de son corps et c'est un autre qui conduit à notre place et ce gars-là, il dit des mots orduriers comme un poète dit des mots d'amour. Il est plus fort que nous. Voilà l'homme dans sa voiture, bien protégé par les airbags, avec ses airs cons.

Effectivement, il m'a doublé et en plus, il m'a fait une queue de poisson ; j'ai regardé comment il était de taille : assez costaud, bon, on rigole plus.

L'autre que moi allait continuer à l'engueuler, en faisant gaffe tout de même, car il était baraqué, quand je l'ai reconnu : c'était mon gars sauvé des eaux.

J'ai baratiné un tas d'excuses, après le tas de fumier que je lui avais sorti, l'autre était rentré en moi et se moquait bien de ma honte d'avoir été plus bête qu'un âne bâté. Le noyé n'a pas arrêté de me remercier comme si je l'avais ramené de la mort.

— Vous m'avez sauvé la vie, vous pouvez me demander ce que vous voulez.

Ça me fatiguait trop de lui dire qu'il n'aurait pas pu, ce que je voulais c'était Francine et s'en payer encore des bonnes tranches tous les deux, l'un contre l'autre à se dire des paroles d'amour qui ne font de mal à personne par où ça passe.

Une chose me tarabustait les méninges.

— Comment vous avez eu mon adresse ?

— Les pompiers, ils m'ont dit que vous alliez sur les routes, en dépanneuse et en tracteur, ça roule pas trop vite, je vous ai rattrapé, pas difficile de se renseigner après vous, vous ne passez pas inaperçu.

Je lui ai alors sorti un couplet pas piqué des hannetons, comme quoi :

— Vous ne me devez rien, rien de rien, vous ne me devez rien du tout, comme dans la chanson.

— Je vous dois tout au contraire. Combien ?

Ce n'était pas une question à poser, d'ailleurs, je ne l'ai pas comprise. Il a redemandé combien et là, j'ai su que c'était combien d'argent je voulais.

— Zéro, je lui ai dit, la vie d'un homme ça n'a pas de prix, vous n'auriez pas assez de votre vie pour rembourser.

— Pour moi, tout a un prix justement, je suis dans les affaires, j'ai mes entrée au 4,40 – je traduis bien ? – et vous pouvez le fixer vous-même.

J'ai su qu'il avait les moyens, même beaucoup plus que la moyenne, il possédait une dizaine de grosses boulangeries, un 4x4 à pollution, avec plein de gadgets, en plus, il m'a dit posséder un château dans les Yvelines. Ce n'était pas une raison, les châteaux n'ont pas tous les droits. Il commençait à me courir sur le haricot avec son pognon et ses grands airs de riche. Alors pour le faire taire, en blague, je lui ai dit comme ça m'est venu :

— Un homard à Dinard, ça rimait comme dans une chanson, mais j'aurais pu aussi bien dire une tranche de veau au Mac Do.

Le homard, c'est le roi des animaux en Bretagne et on n'en a mangé qu'une fois avec Francine, qu'est-ce qu'on s'est régalés ! C'est encore meilleur que du caviar.

Il a semblé déçu que je me contente de ça, comme une frite dans de l'huile froide.

— Bougez pas, je passe un coup de fil et… comment vous appelez-vous ?

— Jean Landrezac, mais on me dit Jeannot…

— Bougez pas, Jeannot.

Et il a appelé dans son téléphone portable d'un dernier cri.

Après avoir causé tout seul en me regardant comme si j'étais pas normal, il m'a refilé une adresse :

— "Restaurant les 3 Rois", trois étoiles au guide Machin, Dinard, France.

Puis il est parti comme il était venu, en 4x4 polluant, pétaradant et tout. Ces gars-là, ils ont l'impression que plus leur auto est grosse, plus ils sont importants. On a beau leur dire que ça n'a rien à voir, que ce n'est que de la tôle, ils n'en démordront pas. Ils pensent que rien de grave ne peut leur arriver dans leur boîte à sardines, alors qu'ils viennent pas pleurer quand ils rencontrent un ouvre-boîte qui leur vide toute leur huile !

LXIV

Rosko avait passé du temps à observer ses bourdons. Il méditait sur leur paradoxe. Ces gros corps ne sont normalement pas faits pour voler et ils volent pourtant. Ce qui nous apparaît évident ne l'est pas forcément, rien n'est jamais acquis. L'incongru peut cacher la vérité. Une idée qui lui trottait dans la tête, elle le turlupinait en allers-retours lancinants.

Pour mener son plan à bien, il avait besoin de Louis Bornard, une nouvelle recrue, une « trompette » dans leur langage, qui était plus malin qu'il n'y paraissait. Il avait une façon de convaincre, sans avoir l'air d'y toucher ; la personne ne s'y attendait pas et hop, il lui fondait dessus comme le fou de Bassan sur le poisson se croyant protégé par la barrière liquide.

— J'ai une mission importante à te confier. Tu vas me ramener ici un homme et me le mettre au chaud dans la salle d'interrogatoire.

— C'est tout ?

— Tu te doutes bien que non. Je veux que tu l'impressionnes dans un premier temps, tu fais naître l'inquiétude, l'angoisse et puis tu changes de comportement comme tu sais si bien le faire, tu deviens caressant, tu le rassures.

— Je ne vois pas où tu veux en venir, mais ça semble à ma portée.

La "trompette" avait de l'avenir dans l'orchestre de la Grande Maison.

*
*   *

Louis Bornard arriva, toutes sirènes hurlantes, chez Yvon Trohidec, le voisin et copain de pitanche de Jean Landrezac. Les pneus crissèrent, effrayant les quelques poules qui picoraient tranquillement dans la cour de ferme. Quatre policiers sortirent du fourgon et deux d'une Peugeot. Un des hommes, celui au regard le plus sombre, le héla, lui demandant de décliner son identité. Quand il eut terminé, ils se jetèrent littéralement sur l'homme bouleversé, le jetèrent à terre et le menottèrent. On le releva sans ménagement et on le conduisit à l'avant de la Peugeot où Louis Bornard prit place.

— Oh là là… quelles brutes ! Excusez-les, mais ils se croient tout permis ! Ne soyez pas impressionnés, ils sont plus… bêtes que méchants. Mettez-vous à l'aise… Attendez, je m'en occupe…

Il lui enleva les menottes et Yvon Trohidec secoua ses mains endolories.

— Mettez votre ceinture.

Yvon Trohidec commençait à se remettre, après l'irruption aussi bruyante que massive, à laquelle il avait eu droit.

— Où q'vous m'amenez comme ça ?

— On va au poste… c'est juste pour des vérifications. Le "commissaire" Rosko, il est venu vous voir l'autre fois… il n'est pas méchant lui.

Yvon rajusta sa casquette sale, il ne savait plus très bien à quel saint se vouer, celui-là, près de lui, avait l'air sympa, mais pouvait-on s'y fier ?

— Mais qui va s'occuper de Francette, de Napo et Léon, des lapins et de la volaille ? Jeannot compte sur moi.

— Rassurez-vous, vous serez vite de retour.

Au long du trajet, Louis Bornard lui fit remarquer le paysage, lui demanda des renseignements sur la tenue d'une ferme, sur le travail des champs. L'autre s'épancha, ravi, dans une langue fleurie et imagée.

*
* *

Juste avant de le faire entrer dans la salle d'interrogatoire, il lui glissa :

— Johnny Rosko, que vous connaissez, va arriver dans quelques minutes. J'espère que les autres ne viendront pas vous importuner. Si vous avez besoin, appelez-moi.

Et avant qu'il demande comment, il s'en était allé, laissant un homme au regard peu commode, en faction devant la porte.

Yvon Trohidec attendit une bonne « paire

d'heures », selon ses mots, avant que Johnny Rosko n'apparaisse.

Celui-ci s'assit en face de lui, sur une chaise aux piétements tournés, le ventre contre le dossier et les mains posées sur la traverse supérieure.

— Vous avez été bien traité, monsieur Trohidec ?

— Maintenant ça va, mais…

— Asseyez-vous… mettez-vous à l'aise.

— Je suis déjà assis.

— Restez-y ! Vous savez pourquoi vous êtes ici, n'est-ce pas ?

— Je ne sais rien du tout, on m'a pas dit.

— Vous êtes un cachottier, Yvon… L'autre fois, vous ne m'avez pas tout raconté.

— J'avais rien à dire.

— Je crois que si… Vous ne m'avez pas parlé de Francine.

— Si, je m'en rappelle.

— Vous ne m'avez pas dit que vous auriez bien aimé que… dit Rosko avec un clin d'œil suggestif.

— Ça oui, je ne dis pas, mais elle voulait pas.

— Ce soir-là, rappelez-vous, vous en aviez mis pas mal dans la musette.

— Pour sûr.

— Elle était en haut de l'escalier – Trohidec tritura sa casquette – Vous êtes monté…

— En trébuchant, ça tanguait.

— Jeannot était au champ, je crois. Vous arrivez en haut…

— J'arrive en haut… je me rappelle plus rien.

— Vous n'allez tout de même pas m'obliger à vous mettre en cellule, les autres idiots pourraient revenir…

De la peur se lut dans ses yeux.

— Vous n'avez toujours pas de souvenir ?

— Si, ça me revient un tantinet. Elle était tentante. J'ai voulu lui mettre la main aux fesses, elle m'a refilé une de ces beignes et…

— Et…

— C'était un accident… elle est tombée.

— C'est ce que je dirai au juge, vous n'avez rien à craindre… Et après ?

— J'suis descendu, j'ai vu qu'elle était tout ce qu'il y a de morte. J'ai vidé les lieux, plus vite qu'un godet et j'ai couru chez moi m'endormir dans le pailler. Et je me suis plus rien rappelé.

Yvon Trohidec fut inculpé et mis en examen sous contrôle judiciaire, Louis Bornard le reconduisit chez lui.

*

*   *

Rosko alla faire son rapport au boss.

— Vous êtes sûr qu'il n'a pu commettre les crimes en série ?

— Je peux en mettre ma main à couper.

— On ne vous en demande pas tant, dit Lerabeau, vous êtes déjà assez… Ce qu'on vous demande c'est d'arrêter l'autre, le tueur en série.

Un jour, Rosko, ne répondant pas de lui, serait capable de sauter à la gorge de son hiérarchique et de serrer. Il y pensait souvent et n'était retenu que par le doigt de la morale pointé sur lui, mais il s'amenuisait. Oui, un jour, il ne se retiendrait plus…

LXV

Quand je suis arrivé au resto chic Les 3 Rois et qu'ils m'ont vu débarquer à pied – j'avais garé la dépanneuse, le tracteur et la remorque loin des beaux quartiers – celui qui était à la porte dans une tenue rouge avec une casquette, comme dans les films à la tévé, a voulu m'empêcher d'entrer ; peut-être mes vêtements n'étaient pas assez du dimanche, de toute façon j'aurais beau faire, je ferai toujours paysan, bouseux quoi ! Je lui ai demandé d'aller chercher le chef et après beaucoup de discussions, il a bien voulu me laisser entrer. Le patron l'a regardé avec des yeux de pistolet et c'est tout juste s'il ne m'a pas fait des courbettes de tous les côtés, je croyais qu'il allait se mettre à plat ventre pour me lécher les pompes. J'avais jamais vu un homme qui se pliait autant en quatre devant moi, pour un peu, il allait s'ouvrir et j'allais pouvoir voir dedans. Remarquez, ça ne doit pas être très joli les intérieurs d'hommes, tout sombres avec des souterrains qui gouttent et des boyaux qui puent et quand on arrive au cœur du labyrinthe, en voyant toute la noirceur, on doit crier : « Au secours, laissez-moi sortir ! »

Il m'a installé à une table et une nuée d'insectes

s'est abattue sur moi, comme les mouches sur une vache, pour m'apporter la carte sans prix, de l'eau, du pain, des amuse-gueules ; y'avait un grouillot pour chaque truc. Et il y en a même un qui est resté planté à côté pendant tout le repas, que j'en étais même gêné. Si j'avais eu le droit de fumer la pipe, je crois qu'il me l'aurait allumé dare-dare. Ce qui était vrai avant ne l'est plus maintenant. S'ils pouvaient, ils nous empêcheraient de pisser, de baiser, de rire. Ils nous matraquent la liberté et bientôt, on n'aura plus le droit de rien, sauf s'emmerder à cent sous de l'heure. La liberté devient plus mince qu'une feuille de cigarette.

On m'a offert un apéritif maison qui était un cocktail de toutes les couleurs mélangées avec des glaçons et une paille, mais quand c'est pas naturel, moi, c'est pas mon truc, on ne sait même pas ce qu'on boit.

Trois plombes plus tard, mon homard est arrivé, le roi des animaux de la mer. Il était coupé en deux pour moi tout seul, on pouvait voir son intérieur, mais lui, il était d'un blanc pur, et l'accompagnait une sauce armoricaine, certains disent américaine, mais ça m'étonnerait que les Ricains l'aient inventée. J'ai commencé par le remercier d'être un bon homard et puis, assez de bavardage, je l'ai croqué à belles dents. Je mâchais lentement pour bien apprécier par où passait ce produit délicieux, en général, je mange très vite et je ne prends pas le temps de savourer, ce qui me donne mal à l'estomac, et j'en mangerai sans doute pas des comme ça jusqu'à ma mort. J'ai remercié à l'intérieur, mon bienfaiteur, et à l'extérieur, le cuisinier par la bouche d'une serveuse qui devait lui faire ma petite commission, de m'avoir mis sur la langue un tel délice.

Celui qu'on appelle le sommelier, mais qui ne dort que d'un œil, m'a convoyé un champagne "Moët et Chandon". Merci à ces deux mecs pour leur bon goût.

Je ne voulais pas trop abuser des générosités, si bien que je n'ai pris qu'un dessert, mais alors quel dessert ! Ça s'appelle « la ronde » et y'en avait quatre ou cinq sortes avec des noms bizarres qu'on ne trouve pas dans le dictionnaire. Puis café et pousse-café et chocolat fait maison.

Naturellement, je n'avais pas pu transporter Francine dans son cadre, car ce n'était pas le cadre à ça, c'était vraiment trop distingué, les peintures sur les murs, on ne comprenait même pas ce que ça représentait ; quand c'est tarabiscoté, on remarque moins les choses vraies, car tout est caché derrière. Francine aurait été déplacée, moi aussi d'ailleurs, mais j'étais invité, ce qui est différent.

À la fin du repas, je me suis dit que j'en avais eu pour mon argent ; justement, j'ai voulu faire semblant de payer, car y'a pas de raison, mais il n'en était pas question.

— Tout est réglé, m'a dit le patron qui est venu voir si tout s'était bien passé et j'ai regardé partout une dernière fois, pour voir ce que je quittais et que je ne reverrais jamais, et j'ai remercié tout le monde à la volée en semant un petit pourboire sur la table pour le personnel.

LXVI

Julien Destrac et Géraldine Buisson reçurent la nouvelle de l'inculpation avec étonnement, alors qu'ils épiaient Jeannot Landrezac dans leur voiture, sur un parking proche du restaurant Les 3 Rois, à Dinard. Le repas lui avait été offert par celui qu'il avait sauvé de la noyade.

— Mais alors, votre filature n'a plus lieu d'être !

— Comment ça ?

— Daniel Chicoine vous paie pour suivre Jean Landrezac, car il croit qu'il a tué sa sœur.

— Vous avez raison… on sait maintenant que c'est inexact. Mais…

— Mais…

— Qui a tué Conrad ? Tant qu'on n'aura pas trouvé son assassin, je me dois, en sa mémoire, de continuer la filature.

Il la trouva belle dans le rôle de la vengeresse. Cette Géraldine lui inspirait beaucoup de tendresse, une madone inaccessible.

— Ne vous inquiétez pas, Rosko a demandé que l'on continue. Il n'a résolu qu'un petit bout de l'énigme. Il existe encore bien des zones d'ombre.

Et ce disant, il regarda Jean Landrezac qui

mangeait son homard de bon appétit en parlant tout seul.

— Il faudra vous rendre à la prison car votre commanditaire y est incarcéré.

— Il m'avait avancé une belle somme, je peux encore attendre.

Décidément, on ne pouvait comparer les avantages du privé et du public.

LXVII

Saint-Malo est une des plus belles villes de Bretagne, ça, on peut le dire… quand il fait beau, mais là, il y avait un crachin breton que tout le monde connaît et qu'ils abusent d'en parler à la météo de la tévé : « il ne fait beau qu'à Paris et dans le Sud. » Et les minettes de l'écran total sont tout émoustillées quand elles annoncent les tempêtes qui arrivent de l'Ouest, tout juste si elles ne vont pas nous présenter avec un parapluie. Bien sûr, on est un nez qui pointe dans la mer, on dirait qu'on enrhume toute la France rien qu'à regarder la carte. Il soufflait aussi un vent terrible à décorner les bœufs, qui s'engouffrait dans les rues de la ville emmurée ; dans l'intramuros, t'as intérêt d'être chaudement vêtu, sinon, il te faudra prendre un bon grog à la fin de la journée. Je suis monté aux remparts et j'ai regardé la mer déchaînée, j'ai tournicoté autour d'une statue de Surcouf, une célébrité du coin.

À force, je l'ai bien sûr trouvée, cette sacrée cathédrale où je me suis abrité du mauvais temps, ça sert à ça aussi. Y'avait là-dedans un guide qui expliquait son histoire avec des mots savants, à une cinquantaine de personnes, j'ai pris la queue, mine de rien. Il a expliqué que ça a commencé par être une architecture romane et puis on a construit un chœur gothique, je regarderai plus tard la différence dans mon *Larousse illustré*. La partie la mieux, c'est le déambulatoire, pour déambuler si je traduis, à cause d'un dénivelé de deux mètres cinquante. Il a encore expliqué qu'elle a été construite sur le rocher où s'était installé le fameux saint à majuscule : Malo donc, comme les yaourts que son nom indique, avec l'ermite Aaron. Si bien qu'où le rocher descend, la cathédrale le suit et quand il s'arrête, elle s'arrête aussi, en inséparables, comme deux et deux font quatre.

Donc le Malo ou Maclou a débarqué avec les autres, de sa Grande-Bretagne pour la petite. Il a séjourné avec ses disciples sur un îlot, c'est Saint-Malo intra-muros, jusqu'à ce qu'il devienne évêque d'Aleth, les gens de là-bas connaissent bien, puisque c'est Saint-Servan. Il fit tellement de miracles, comme ses potes, qu'on l'a choisi comme évêque, car il n'y avait pas de raison. Par exemple, les autres avaient froid, lui avait chaud, pas à cause d'un manteau, mais du feu divin. Le feu divin c'est quelque chose qui brûle tout sur son passage et on peut bien se promener nu comme un ver, on n'a pas froid, sauf qu'il laisse intact votre intérieur ou mieux, qu'il vous transporte au septième ciel sans ascenseur. Il s'était endormi sur le goémon, car ça dort sur rien les saints, et la mer est montée comme de bien entendu à son retour de marée, sans qu'il s'en rende compte. Il a dit alors : « Ô mon Dieu, *ma doué*, soyez-moi en aide ! » Je l'ai noté mot à mot pour ne pas oublier ; un ange a dit, car ça a une bouche, ces drôles d'oiseaux-là, même si ça n'a pas de sexe, ce qui est embêtant pour pisser : « qu'il était sauvé et qu'en plus, Dieu lui avait créé une île », Saint-Brandan, en deux temps trois mouvements. Tout se tient. Il avait fait aussi des aveugles voir. Mais le pire, quand j'ai entendu ça avec Francine, mon cœur a failli sauter de ma poitrine pour aller faire un tour dans la campagne : c'est qu'il avait sauvé un boulanger des eaux !

« Tu te rends compte, Francine, un boulanger ! » et je lui ai raconté comment j'avais fait pareil avec un gazier, de là le resto, de là le homard et tout le reste. C'était la quatrième fois que je faisais tout pareil que les saints. J'avais sauvé un brave des eaux où il avait failli y passer, ce qu'avait fait le saint, des centaines d'années avant, c'était comme si on se tirait la bourre par-dessus le temps. Il y avait de quoi être déboussolé, c'est à croire !

C'est ce que je me suis dit en m'éloignant du guide et je suis sorti sans que personne ne me voie pour ne pas payer ses bons et loyaux services. C'est pas que je soye avare, mais je suis habitué à économiser. Dehors, la lumière a agressé mes yeux et j'ai mis un temps fou à me réhabituer. Dans des lieux comme ça, on a l'impression d'être dans un autre monde où il n'y a plus de violence ni d'agression, où il n'y a que du calme et du silence. Comme si on était à l'abri de toutes les intempéries qui nous fouettent le crâne. Même le temps s'arrête, sauf si on regarde sa montre. C'est pour ça qu'un tas de croyants et d'autres viennent se réfugier dedans. Ils ont l'impression que rien de mal ne pourra leur arriver.

LXVIII

Rosko s'était allongé, ses lombaires lui faisaient mal, mais c'était la seule façon de réfléchir. Ainsi donc, Jean Landrezac n'avait pas tué sa femme. Pourquoi son beau-frère s'obstinait-il à l'accuser ? Mentait-il ou était-ce lui le tueur en série ? Il aurait désiré ainsi mouiller Jeannot qui faisait un coupable idéal.

Quand il le lui annonça, Daniel Chicoine réfuta l'annonce quelques minutes et puis il se résolut à le croire. Sa sœur n'avait eu que des impressions. Le policer lui indiqua dans quelles circonstances Yvon l'avait poussée dans les escaliers.

Souchet le briefa sur le dernier assassinat. Marcel Soulac était un retraité sans histoire. On lui connaissait peu d'amis et aucun ennemi, tant la vieillesse restreint le cercle des relations. La veuve éplorée ne comprenait pas ce qui leur arrivait.

Le commandant Rosko se trouvait dans une impasse avec la désagréable impression que le tueur en série allait lui échapper. Il donna des instructions pour que Saint-Malo, la prochaine étape, ne soit pas le théâtre d'un nouveau crime.

Il était en train de cuisiner Daniel Chicoine une

nouvelle fois, lorsqu'il reçut un appel insistant sur son portable. Il s'était produit un nouvel assassinat, cette fois, c'était une femme, une institutrice, Sylvie Delplanque, morte dans les mêmes conditions : une dent de herse et dans un lieu connoté : la cathédrale de Saint-Malo. Cette fois, ça s'accélérait : "un train d'enfer", lui vint comme image.

Le commandant prévint le substitut du proc' qui lui enjoignit, un peu vite à son goût, de libérer le suspect, il n'était, à ses dires, pas directement impliqué dans les meurtres en série. Il restait cependant sous contrôle judiciaire.

*
*   *

Il alla rejoindre, toutes sirènes hurlantes, Julien Destrac à Saint-Malo, ils conduisirent Jean Landrezac dans les locaux de la police où il ne se montra pas très impressionné. Il semblait s'habituer à la présence policière.

— Cette fois, monsieur Landrezac, il va falloir m'expliquer pourquoi, lors de chacun de vos passages, se produit un crime dans les cathédrales.

— J'en suis bien incapable, mais j'ai du mal à expliquer plein de choses pendant ce pèlerinage. Au début, je partais tranquillement pour Francine, pour qu'elle ne soit pas handicapée de n'avoir pas fait le *Tro Breizh*, et puis y'a eu des choses inexplicables. Même le père Jules, y pourrait pas expliquer ça.

— Moi je ne crois que ce que je vois, et ce que je vois, c'est beaucoup de morts.

— Francine dirait qu'il faut prier pour le repos de leurs corps, mais je vous jure – il cracha par terre – je peux pas faire de mal même aux mouches à vaches.

L'apparent candide paraissait de bonne foi et Rosko, une nouvelle fois, avait du mal à voir en lui un dangereux criminel. Mais il y avait bien quelqu'un qui tuait et ce Jeannot de mauvais augure avait toutes les possibilités d'en être l'auteur.

— Un premier point positif pour vous, j'ai su qui a tué votre femme.

Quand il lui livra le nom, Jean Landrezac pâlit et tritura sa casquette.

— Et moi qui lui ai confié Francette et tous les autres !

— Francette ?

— C'est ma chèvre, mais il y a aussi les poules, les cochons : Napo et Léon, il pourrait leur faire du mal…

— Ne détournez pas l'attention… C'était un accident, ils se sont bagarrés et…

— Il a voulu… ?

Rosko opina et Jean Landrezac faillit tomber du siège.

— Le salaud ! Je voyais bien qu'il tournait autour de Francine, mais elle voulait pas de lui, il a pas d'instruction, moi non plus, mais c'est pas pareil, je suis son mari.

L'interrogatoire prenait un tour bizarre et Rosko avait du mal à le mener. C'était l'une des premières fois. Le témoin lui donnait peu de prises avec son bon sens et ses faux airs d'innocent. Il lui inspirait divers sentiments dont le moindre n'était pas une certaine sympathie.

— Je voudrais croire à tout ce que vous me dites, mais j'ai du mal et les circonstances plaident contre vous.

— Plaident ?

— On a l'impression que vous êtes coupable.

— J'ai jamais fait de mal qu'involontairement.

— Vous ne vous entendez pas avec votre fille ni avec votre fils, votre femme vous battait froid, avouez qu'il y a de quoi perdre la foi en vous.

— C'est vrai que je ressemble à un ours mal léché, je suis têtu, mais pour tuer, ça y faudrait me pousser à bout. Yvon, par exemple, si je l'avais sous la main…

— Laissez faire les professionnels. Vous n'allez quand même pas allonger la liste de vos assassinats !

Rosko resta silencieux un court instant, puis reprit d'un ton presque las :

— Les "images" qu'on a retrouvées chez vous sont loin d'être pieuses…

Il avoua que, de temps en temps, une revue porno à feuilleter, « surtout dans les chiottes… » ça ne fait de mal à personne et ça évite bien des égarements.

— Et les dents de herse ? Parlez-moi des dents de herse…

— Ah, vous les avez retrouvées ?

— Ne faites pas l'innocent, on en a retrouvé 6 fichées dans des corps.

— J'en avais acheté chez "Ledu matériel", un magasin agricole entre Vannes et La Vraie-Croix, mais elles ont disparu, ça m'a étonné un peu.

— Comme par enchantement…

Jean Landrezac ne comprit pas tout le sens de la remarque. Rosko égrena :

— Ludovic Méchin, Stéphane Haas, Paul Laforêt, Conrad Turq, Marcel Soulac, Sylvie Delplanque… connaissez-vous ces personnes ?

— Pour sûr, non… mais il faudrait réfléchir.

Rosko appela les "autorités", indiqua où il en était, c'est-à-dire nulle part. Il dut relâcher sa proie. Il n'y avait aucune preuve tangible qu'il soit le coupable, même si certains éléments convergeaient, et personne ne voulait tremper dans une erreur judiciaire, « il y en a bien assez comme ça ! » Le commandant était bien de cet avis. Il le laissa donc reprendre son périple, Julien Destrac restant sur ses talons, ainsi que la détective privée.

LXIX

Le "commissaire" y voulait me coller toutes ces méchanteries sur le dos, ça se comprend, car il faut bien qu'ils trouvent un coupable. Je me demande qui veut me faire passer pour. Il y a bien quelqu'un… C'est pas Daniel, le beau-frère, la police m'a dit que c'était impossible, c'est pas Armand, il est trop occupé dans son café, c'est pas Yvon et pour cause, peut-être Jules, j'y crois pas. C'est un ennemi que j'ai sans le savoir…

Je décidai de continuer mon voyage, malgré ces tracasseries.

La prochaine ville où je devais passer, c'était Cancale – pourvu que non ! ; du coup, ça m'a fait penser au gas-oil pour la dépanneuse qui devait commencer à avoir soif, à cause de la jauge. Me voilà donc à l'arrêt, comme un chien, dans une station-service ; d'ailleurs, je remarque que maintenant, on paie davantage et qu'on a moins de services, mais ils n'ont pas encore eu le temps de changer le nom : par exemple « station sans aucun service », ou dans le genre. J'ai demandé à la voix la permission de me servir, elle a accepté.

*

*   *

À Cancale, encore un port, j'ai vu les anciennes maisons des terre-neuvas collées les unes aux autres, ceux qui pêchaient la morue à Terre-Neuve. Du coup, la Cancalaise restait à terre et c'était une sacrée dure à cuire, mais celles que j'ai vues, je n'ai pas pu en juger, car elles étaient muettes comme des bâillonnées.

Au bout de la promenade, j'ai remarqué l'alignement impeccable comme des rangées de dents, des parcs à huîtres, des plates du même nom, avec au fond, une bisquine. Les villes d'eau sont toutes à peu près pareilles, celle-là ne dérogeait pas à la règle : des maisons anciennes et des commerces d'un côté de la route qui longe la mer, pour que tout le monde ait la vue qui appartient à tout un chacun. Et là-haut, sur une hauteur, une gigantesque statue de la Vierge qui est partout chez elle.

*

*   *

Après les marais, j'ai vu des champs de choux et de choux-fleurs, de poireaux, toutes sortes de fruits et de légumes, de céréales, parce que la Bretagne, c'est aussi le grenier de la France qui nourrit les Français avec toutes sortes de productions. J'avais dételé la remorque et descendu le tracteur en laissant la dépanneuse ouverte pour avoir moins de manœuvres à faire. Je m'étais garé au bord de la route, dans une descente, sur un petit parking qui avait l'air de nous être destiné. J'ai alors entendu le bruit de moteur d'une voiture qui clochait. Je me suis dit : « Ben, celle-là n'ira pas loin si elle rencontre des flics ou un radar, ou les deux, ce sera pire encore si elle rencontre un mur. » Mais bon, je m'apprêtais à visiter la mer des yeux, comme je l'ai fait cent fois pendant le voyage, parce qu'on n'a jamais fini avec elle, et pan !

Je dis pan, mais ça n'était pas un bruit de fusil, c'était plutôt un bruit de ferraille et de tôle froissée. Et devant mes yeux affolés, la voiture dont j'ai déjà parlé, est montée sur la dépanneuse, comme je vous vois. C'est là que ça a fait « Pan ! » quand elle s'est arrêtée. Je reprends mon souffle, car il avait été coupé.

Deux femmes, l'une au volant et l'autre à côté, sont sorties de leur véhicule endommagé, elles non, car elles avaient leur ceinture, et les voilà-t-y-pas arpentant ma dépanneuse.

J'avais accouru à grands pas, pour sûr !

— Oh, Monsieur…

— Ah, Monsieur…

— Oh, nous…

— Ah, c'est-à-dire…

Leur dialogue sans queue ni tête a duré de longues minutes, et elles ont pu enfin m'expliquer. Le frein a lâché et, dans la grande descente, elles ont pris de la vitesse et elles ne pouvaient plus arrêter la voiture. Alors, quand elle a vu ma dépanneuse ouverte et un virage au loin qu'elle aurait eu du mal à prendre, la conductrice sans réfléchir a décidé de me monter dessus. Elles ont cru mourir, et de voir la dépanneuse sur le bas-côté qui, pour ainsi dire, lui tendait les bras, la chauffeuse n'a pas hésité.

— Vous nous avez sauvé la vie !

C'est fou ce que ces derniers temps, j'ai sauvé des vies, ça m'est tombé dessus sans crier gare depuis que je fais ce *Tro Breizh* et je ne sais pas si c'est de la cause à effet, ou autre chose. En tout cas, en quinze jours, j'avais plus fait pour mes sœurs et frères humains que pendant toute ma vie de patachon.

J'ai dit aux deux femmes que rien de rien. Surtout pas d'argent ni autre. Mais elles ont voulu malgré tout me donner quelque chose. C'était une médaille de saint Christophe, le protecteur des voyageurs, comme celui du chauffeur de car. Ça m'a touché dans mon intimité.

Mais je n'avais pas fini avec les deux gonzesses, j'avais décidé de les accompagner, elles et leur voiture cabossée, au garage à Saint-Méloir-des-Ondes, un nom qui chante comme un oiseau sur sa branche, tout près d'une rivière qui chante aussi, mais d'autres chansons.

Elles ont voulu me payer un café, ça, j'ai accepté, je ne suis pas un sauvage tout de même, même si j'aurais préféré un bon coup de canon…

Et de fil en aiguille, elles ont voulu me montrer

l'intérieur de chez elles. La plus vieille s'appelait Hélène et la plus jeune Fabienne ; c'étaient deux sœurs célibataires. Quand je suis entré dans leur appartement, des sueurs froides me sont venues partout. C'était plein de croix, de chapelets, de tableaux pieux et d'images religieuses, des bondieuseries à tire-larigot. Décidément, je ne sortais plus des sacristies !

Quand je leur ai expliqué que je faisais le *Tro Breizh*, l'aînée m'est tombée dessus.

— Mais c'est merveilleux ! Jeannot, vous nous êtes envoyé par la Providence – elle a levé les yeux au ciel. Connaissez-vous la légende, l'origine de ce tour de Bretagne ?

J'ai avoué que je n'étais pas très cultivé dans la matière. Moi, je faisais ça en touriste, si on veut, pour pas mieux dire, mais je croyais pas du tout à ces fredaines, ça, c'était ma Francine. Quand je lui ai parlé d'elle, la Hélène n'a pas eu l'air si contente que ça.

— La légende veut donc que des frères septuplés sont devenus les saints fondateurs de Bretagne. Leur mère voulait s'en débarrasser, car on considérait en ce temps-là qu'à partir de jumeaux, il s'agissait d'enfants du péché. Elle ordonna donc de les tuer. Mais ils furent protégés par Dieu et envoyés en petite Bretagne pour l'évangéliser. Ils furent les fondateurs des sept grands évêchés historiques. Et les légendes, Jeannot – elle s'acoquina en plein dans mon œil – ont toutes un fond de vérité.

Voilà qui était dit et bien dit et pas le contraire, j'ai tout noté sur mon carnet. J'avais écouté Hélène avec mes deux oreilles et une grande attention. C'est alors que j'ai eu l'imprudence de lui raconter tous mes sauvetages, le leur en dernier. La plus jeune, Fabienne, est allée sur son ordinateur et est revenue rose comme une pivoine.

— C'est bien par Dol que vous poursuivez votre voyage ? Et à Dol, il y a saint Samson.

Elle regarda sa sœur avec une drôle de lueur sur son visage.

— Écoutez donc ce que j'ai lu. Il débarqua à l'embouchure du Guioul avant de fonder le monastère de Dol. Lors de son arrivée, il y eut un miracle, non DEUX : la guérison de deux femmes, une lépreuse et l'autre, possédée du démon.

Tout le monde était un peu scié et j'ai dû renverser la situation en disant :

— Vous n'êtes ni l'une ni l'autre, heureusement !

Mais vous savez ce que c'est, quand on a une idée qui nous trotte dans la tête, c'est pas à côté, tout le monde aura beau dire le contraire, on restera dessus comme la chèvre sur son pain de sel. Pour Hélène et Fabienne, j'étais une sorte de Bon Dieu sauveur, un saint des saints, elles n'en démordaient pas… envoyé sur terre pour leur faire des choses. J'ai trouvé un peu bizarre qu'elles n'aient pas insisté plus que ça, mais on peut jamais connaître les réactions des femmes qui nous étonnent.

Hélène a dit :

— Vous allez bien rester un peu avec nous, Jeannot…

— Ah non, je ne peux pas, j'ai mon tracteur à récupérer, car un tracteur seul dans la campagne se fait des idées noires, qu'on l'a abandonné et tout. Il peut même devenir triste et se mettre à pleurer.

J'exagérai exprès pour. Fabienne m'a alors balancé :

— Une nuit, juste une nuit, d'ailleurs, il fait noir maintenant et il peut y avoir du verglas sur les routes, j'ai du mal noter ou elle était tombée sur la tête, on était fin juin ; allez savoir !

Je me suis dit, c'est pas trop dur à contenter, mettez-vous à ma place, elles ne me laisseront pas tranquille si je ne passe pas la nuit chez elles. Et puis bon, je n'étais pas plus pressé que ça et puis bon, Francine était restée dans la remorque avec Camembert.

Et je l'ai regretté aussitôt, car les bougresses avaient de drôles d'idées derrière la tête.

J'étais à peine couché au milieu des croix, il y en avait une lourde au-dessus du lit et il paraît qu'y en a un qui est mort, assommé par une qui s'était décrochée pendant son sommeil, et des bondieuseries, qu'elles se sont amenées toutes les deux complètement à poil.

Qu'est-ce qui est arrivé ? J'ai dû passer à la casserole ! Et elles en redemandaient, les deux sœurs, elles ont dû se dire : C'est pas tous les jours qu'on couche avec un descendant de Jésus-Christ.

Quand j'en avais fini une, il fallait recommencer l'autre, et le manège dura longtemps avec des tours gratuits grâce à ce qu'elles attrapaient. Mon engin enflammé et mes bourses complètement à plat, comme une tabatière vide, j'avais même pas le temps de les regonfler, qu'elle m'asticotait coquette de nouveau pour la mettre à faire le beau. Au début, je trouvais ça super, mais quand on abuse, ça s'use et ça déçoit. Et là, il y avait de quoi. Y'a un moment où on n'a plus rien à l'intérieur et où on ne peut pas satisfaire tout le monde. En plus, je pensais à Francine là-bas toute seule et je me demandais si c'était bien normal de me démener comme ça. Je la voyais triste comme un rocher sans mousse et même pleurer dans son cadre. C'était du remords qui m'accaparait.

Et les deux tigresses qui n'arrêtaient pas de me traiter de tous les noms d'église. Hélène était la plus dévergondée, ça devait être la possédée du démon de midi, elle voulait que je lui donne des fessées sur ses fesses roses et que je lui tète les nichons, comme un bébé farceur. Fabienne était plus timide, elle avait juste besoin que je lui astique la cramouillette sans le dire à personne, pour elle toute seule et moi dedans, à l'abri des indiscrétions.

Elles ont quand même fini par s'endormir. J'en ai profité pour enfiler culotte, falzar, chemise et le bataclan, et je me suis enfui sur la pointe des pieds sans demander mon reste, d'ailleurs, il ne restait pas grand-chose de moi. Je dois avouer que j'ai retrouvé mes affaires avec un torrent de joie, comme jamais, c'est fou ce qu'on s'attache à ses choses ! Et puis là, il y avait péril dans la demeure avec ces demoiselles jamais rassasiées, qui voulaient coucher avec le Bon Dieu ou quelqu'un qui le leur rappelait.

J'ai quitté Saint-Méloir-des-Ondes sans me retourner, j'ai récupéré tout le monde ; bien sûr, je n'ai rien dit à Francine de l'accident, du sauvetage, car ça m'aurait entraîné dans le reste, je suis resté muet comme une carpe, mais à sa façon qu'elle avait de me regarder en coin, j'ai bien senti qu'elle se doutait de quelque chose, la finaude. Et en pleine nuit, j'ai filé vers Dol. Je me suis reposé quand j'ai eu mis de la distance entre moi et les gourmandes, comme je les appelais, en espérant ne pas les revoir ; si elles veulent d'autres hot-dogs, il n'y a pas que moi comme Mac Do.

LXX

Géraldine Buisson et Julien Destrac devaient redoubler de vigilance. Rosko leur avait appris qu'un groupe de policiers serait affecté à la protection de la cathédrale de Dol-de-Bretagne, avant-dernière étape du *Tro Breizh*. Ils avaient suivi les péripéties du tracté qui avait dépanné deux vieilles filles, et le madré avait réussi à les draguer. Ils avaient assisté à un étrange manège dans la maison éclairée où certains jeux d'ombre étaient sans équivoque.

— J'ai l'impression que notre Jeannot se paie du bon temps, avait lancé Géraldine Buisson avec un clin d'œil amusé.

Julien Destrac conclut que ce n'étaient pas les plus beaux ou les plus musclés qui avaient du succès auprès des femmes, il avait ses chances. Du coup, il pensa à Alexandra, une coiffeuse avec qui il prenait du bon temps. Elle n'était pas exigeante, du moment qu'il lui fasse la lecture avant de s'endormir. Elle se trouvait très sotte et elle avait envie qu'on la cultive. Julien y prenait un plaisir non dissimulé, car il n'avait jamais pris le temps de lire ses classiques. Flaubert, Zola, Hugo, des poètes, Romain Gary, des étrangers, il dévora nombre d'ouvrages, en compagnie d'Alexandra qui se sentait moins inculte.

À cette évocation, il se demanda quelles étaient les passions de Géraldine, mais il s'interdit de le faire, car celle-ci, depuis la mort de Conrad Turq, s'abîmait de longs moments dans le silence. Il n'osait pas le rompre, sauf si ça concernait la filature ou les enquêtes.

LXXI

J'ai découvert Dol-de-Bretagne que le lendemain. C'est une ville qui est au bord d'une falaise de vingt bons mètres de haut. J'ai regardé à l'horizon et j'ai vu des tas de bocages, avec au fond, le Mont Saint-Michel.

C'était noté : « *Cathédrale gothique* », je n'ai pas de raison de mettre en doute. C'était une des plus immenses que j'ai vues, presque aussi grande que deux terrains de foot avec des parties rajoutées au fil du temps. Je me suis presque tordu le cou à regarder, tellement c'était haut. Il y avait un grand porche au sud que tout le monde des visiteurs regardait dans l'admiration de ce qui dépasse. Parfois, les Bretons ne sont pas regardants pour construire de grandes choses.

Ce qui m'a étonné, c'étaient des flics partout, mais avec les morts qui pleuvaient ces derniers temps, c'était normal. À l'intérieur, tout le bataclan obligatoire de la cathédrale : des vitraux, des autels, des chapelles, des saints en veux-tu en voilà, des orgues, des chaires, des chaises alignées comme des dents, un Christ aux outrages assis soit-il, se demandant ce qu'il faisait là.

On a trouvé le sarcophage et, dans une urne très haute, les reliques qu'on ne peut pas voir ; « que les cendres, ma pauvre Francine, c'est tout ce qu'il en reste, ils ont mis ça là-haut pour ne pas qu'on souffle dessus et qu'il s'éparpille. »

Francine et moi, on a eu l'impression de ne jamais venir à bout de la nef d'une centaine de mètres. J'ai fait remarquer aussi à la sainte patronne de mes lieux, une verrière « où tu pourrais faire pousser tes plantes à l'abri, si tu vivais encore. » Elle m'en a laissé des tas qui commencent à piquer du nez, car à son contraire, je n'ai pas la main verte pour les végétations d'agrément. J'ai noté environ dans les quatre-vingts petites salles. Mais Francine a pu prier saint Samson et ses restes accommodés à son aise, je me suis tu et ne lui ai rien raconté du saint à cause de ce qu'on sait. Moi, je m'étais envolé dans mon esprit comme souvent et je ne voulais pas revenir tout de suite sur terre à cause des cailloux. Et je me suis dit dans ma petite tête où je fais vite le tour, y'a pas beaucoup d'encombrements, « ces deux folles en tout cas n'avaient pas tort sur tout. J'avais bien sauvé deux personnes d'une mort sûre. » Mais n'épiloguons pas trop là-dessus… sinon, on pourrait se retrouver avec des croyances qu'on ne pensait pas, avant de les avoir vues. Même si, comme on dit, il n'y a que les imbéciles qui ne changent pas d'opinion et que les cyclistes du dimanche qui ne changent pas de pignon, on a quand même l'air fin quand on rencontre des choses qu'on ne croyait pas possibles le coup d'avant !

LXXII

Jean Landrezac quittait Dol-de-Bretagne et aucun mort n'était à déplorer. Quand Julien Destrac lui annonça la bonne nouvelle, Rosko ne se sentit plus de joie, comme le corbeau de la fable.

— On est à Dinan et la ville intra-muros est admirable, faut juste aimer les belles pierres.

Rosko ne connaissait pas grand-chose de la vie de son second, mais il se dit qu'il avait de quoi rendre... plus d'une femme heureuse. Si elle acceptait les aléas de la profession et ça, ce n'était pas gagné d'avance. Il était bien placé pour le savoir.

Il en était là de ses réflexions, lorsqu'on lui annonça que, dans un endroit paumé, entre Dol et Dinan, il y avait une petite chapelle... Et là-dedans, qu'y avait-on trouvé ? « Nom de Dieu ! » il n'avait pu s'empêcher de jurer, « le cadavre d'un artisan vitrier, maître d'art en vitraux, à qui on avait demandé quelques travaux de réfection sur ceux de la chapelle ! » Ça, ce n'était pas très grave, si on peut dire, tant de crimes sont perpétrés à chaque seconde, ce qui l'était davantage, c'était le mode opératoire : une dent de herse plantée dans la région du cœur.

Rosko appela Julien Destrac qui lui confirma

qu'ils étaient passés à proximité et compte tenu de l'heure tardive, selon le médecin légiste, Jean Landrezac avait été parfaitement capable de commettre ce nouveau crime.

Le lieutenant se sentit une cape de responsabilité lui tomber sur les épaules, il aurait dû pouvoir – c'était son boulot – éviter à l'artisan de se transformer en cadavre. Rosko balaya ses états d'âme.

— Cette fois, tu ne le lâches pas d'une semelle et surtout… Il cria presque dans l'appareil : Tu trouves des preuves de sa culpabilité !

— Ou de son innocence, murmura Destrac, mais le boss avait déjà raccroché.

*

*   *

Le boss, justement, était reparti à Locronan où il retrouva Benjamin Laporte, l'ancien séminariste, dans un café. Il commanda sa mousse habituelle sans alcool et l'autre, un chocolat.

— Locronan-Dinan ou Locronan Dol-de-Bretagne, ça se fait dans la nuit et facilement encore, vous avez pu vous rendre à Saint-Marcel-des-Noyers, c'est une charmante petite chapelle, en deux temps trois mouvements.

L'autre ne broncha pas.

— C'est pour ça que vous vouliez me voir ?

— Vous avez eu connaissance du nouvel homicide ?

— Je lis les journaux, ils les reçoivent à l'hôtel.

Une corneille croassa, perchée sur le clocher de l'église. Le ciel s'ennuageait. La terrasse n'était peuplée que de quelques touristes. Benji passa une main dans sa tignasse rousse. Rosko se dit qu'il avait dû être bouc émissaire dans son adolescence, ce qu'il comprenait, ayant lui aussi eu à souffrir de bien des bizutages.

— Où en êtes-vous avec la religion ?

— Je crois encore, mais pas de la même façon. J'essaie d'aider différemment. Je fais partie de diverses associations caritatives.

« Ce sont les pires », faillit dire Rosko qui avait eu souvent à vérifier que ceux qui donnent le plus avaient le plus à se faire pardonner. Les églises sont pleines de bigots et bigotes qui ont commis les pires méfaits et qui se mettent à l'abri en se donnant bonne conscience. « C'est pas parce qu'on flirte avec les dieux qu'on est le meilleur des hommes ! »

— Je vais vous donner maintenant une occasion de réfléchir à certaines choses…

Le représentant se recula sur sa chaise et sirota une gorgée de liquide fumant.

— Vous étiez persuadé que Jean Landrezac avait tué sa femme, or, il se trouve que c'est l'un de ses voisins, Yvon Trohidec, que vous connaissez sans doute, qui a fait le coup !

Il le regarda avec des yeux effarés, proche de l'épouvante.

— Yvon, non, ce n'est pas possible, il est trop… il n'est pas assez…

— Voulez-vous une photocopie de sa déposition, avec aveux détaillés ? Il m'a expliqué dans quelles circonstances il avait supprimé Francine, il a été si précis qu'on ne peut pas en douter.

Cette fois, Benjamin Laporte avait pâli, quelque chose semblait s'écrouler dans son monde. Il répétait sans cesse :

— C'est pas possible… C'est pas possible…

Il termina sa tasse. Se passèrent quelques instants où la corneille redoubla ses coassements. Puis l'ancien séminariste s'écroula sur la table, les épaules secouées de spasmes.

— Le premier…

Rosko avait mal entendu, les paroles de Benji engluées dans les sanglots. Il lui fit répéter. Celui-ci se releva.

— Francine est venue me voir en confession… ce jour-là, elle était parfaitement effondrée, elle sentait la menace planer au-dessus de sa tête, elle était persuadée que son mari allait… voulait la tuer. Quand elle est morte, j'ai tout de suite pensé à notre conversation. Je me suis dit qu'il était passé à l'acte. Il avait tué Francine. Mais… j'étais tenu par le secret de la confession. Je ne pouvais le dire à personne.

— Ne me dites pas que vous avez tué tous ces gens pour faire accuser Jean Landrezac et le faire expier pour un crime qu'il n'a pas commis…

— Je vous jure que je suis innocent de tous les autres.

Il disait cela en toute candeur, comme si ça ne portait pas à conséquence.

— Vous vous rendez compte de… – Rosko ne trouvait même plus ses mots devant l'énormité de la confession – Comment croire que vous n'êtes pas le tueur en série ?

Benjamin Laporte s'était enfermé dans un mutisme total. Rosko le menotta et le ramena à Vannes où il le confia à Louis Bornard. Peut-être lui soutirerait-il d'autres informations. Le juge d'instruction l'appela quelques heures plus tard. Il devait continuer l'enquête, restait à trouver un auteur pour les six crimes restants. Il avait interrogé le suspect. « Matériellement, il n'a pu commettre que l'assassinat de la cathédrale de Vannes. » Le mystère, au lieu de s'éclaircir, s'épaississait.

*

*　*

Julien Destrac déroula le tapis rouge de son admiration pour Rosko devant Géraldine Buisson.

— Il a déjà résolu deux crimes, à mon avis, pour les autres, il se rapproche du dénouement.

La détective sourit faiblement. Il restait encore bien des kilomètres à parcourir jusqu'à Vannes, le point de départ.

LXXIII

Dinan est encore plus belle que Saint-Malo, pour mon opinion personnelle qui compte énormément. J'ai fait un tour dans la vieille ville en regardant des tas d'inscriptions pour ne pas mourir idiot. C'est une antiquité avec des remparts, un château et la basilique Saint-Sauveur où on peut voir le cœur de Du Guesclin, des petites places et des ruelles pavées où se perdre avec des maisons anciennes aux pans de bois qui nous rappellent l'Histoire des livres d'école. J'ai lu sur une plaque que Bertrand Du Guesclin s'était bagarré avec un Anglais et qu'il avait gagné le cœur de sa belle à cause de ça, car on aime les vainqueurs qui font des exploits. À cette époque-là, on ne rigolait pas avec les sentiments et on allait conquérir les filles à la pointe de son épée.

La ville descend vers la Rance, le Val du fameux cidre ; je la compare à une femme au corps parfait du haut en bas, elle est belle de partout. J'ai descendu par des rues pavées jusqu'au port et là, j'ai vu un énorme viaduc de quarante mètres de haut, qui m'a fait tout petit bonhomme à ses pieds et je suis remonté par le jardin anglais qui ont toujours été nos pires ennemis et qui se croient parce qu'ils ont appelé leur terre, la Grande.

J'aimerais bien revenir me balader dans le coin si

je rencontre une nouvelle femme qui n'effacera pas Francine, mais qui la remplacera pour le ménage et les à-côtés. Mais à mon âge, il ne faut pas rêver, on peut bien passer des annonces dans le *Chasseur breton* ou sur Internet, faudrait demander à Armand, on n'a droit qu'à des espèces qui ne sont pas regardantes sur la fraîcheur du pain. Remarquez, j'en connais qui adorent les croûtons rassis et qui les trempent dans du lait pour les ramollir, mais elles ne courent pas les rues, alors imaginez dans la campagne rurale… Car on a beau dire, à tout âge, on recherche des câlins et c'est quand même mieux la vie à deux. Si on n'a plus rien à partager, on se recroqueville sur son nombril et on ne peut pas dire que ça nous amène des enrichissements.

*

*   *

Après tant de beauté, je me suis engagé vers Caulnes, tout près de Saint-Juvat, un des plus beaux villages fleuris de France. Et à un moment, dans la cambrousse, j'ai vu des pancartes jaunes : « *Déviation.* » Je les ai comptées, il y en avait vingt-huit et au bout… je suis arrivé dans un cul-de-sac. J'ai remarqué que, bien souvent, quand on nous dévie, on arrive nulle part. C'est peut-être que ceux qui posent les pancartes, ont abusé de la picole, un peu comme les faiseurs de route qui ne vont pas droit. Ou peut-être, si on n'est pas mauvaise langue, ils ont envie qu'on fasse un tour par chez eux, alors ils nous perdent exprès. En tout cas, j'ai été obligé de revenir à mon point de départ et j'ai trouvé le fin mot de l'histoire avec un gars du coin qui m'a expliqué comment m'en sortir.

Il m'a indiqué aussi avant Caulnes, dans les bas-fonds, l'adresse de Fernand, le Breton égaré dans la manif. Ça tombait bien, car je n'avais pas parlé à un paysan depuis une belle lurette et dans notre incorporation, on ne peut pas rester longtemps sans. Faut pas mélanger les torchons avec les serviettes qu'on dit, ni nous avec les autres, car ils ne connaissent pas nos problèmes. On n'est pas du même monde, on ne se comprend pas toujours dans les intérêts. Avec Fernand, ça a marché tout de suite le fonctionnement de notre salle des machines, on parle la même mécanique. Il m'a fait visiter son élevage de truies, tout électronique et automatique… « Si t'es en panne, t'es dans une belle panade et tes coches aussi, mais n'épiloguons pas sur la modernité ! » Il n'a pour ainsi dire, plus besoin d'entrer dans sa porcherie ni d'être porcher, c'est l'amélioration technique, et on ne peut pas y couper, sinon les concurrents nous dépassent de plusieurs longueurs. Ça en bouche un coin à ceux qui croient qu'on a toujours les mains dans la merde…

Après, il a bien fallu que je visite sa cave, il élève aussi du cidre. Il utilise une vingtaine de variétés de pommes.

— Toutes des anciennes oubliées. Je les remets au goût du jour. Chacune donne un cidre différent, je fais des mélanges savants. Tiens, celui-là, il pétille, c'est un peu le champagne breton.

Au bout du compte, y'avait pas que le cidre qui pétillait, surtout qu'on a fini par plusieurs verres de goutte.

— Tu ne peux pas prendre le volant dans cet état-là, qu'il m'a dit et il n'avait pas tort, car je ne serais pas allé très droit, comme les faiseurs de routes.

Alors, je ne sais pas ce qui m'a pris, je lui ai demandé :

— Je pourrais pas faire un somme dans ton pailler ?

Bien sûr, le bonhomme m'a proposé un lit frais et douillet, pour un peu, il m'aurait offert la patronne dedans avec son cœur gros comme ça.

— Non, que j'y ai dit, le pailler me suffira.

Il m'a fait ce plaisir qu'on ne peut pas savoir, ça me rappelait ma jeunesse avec mon grand-père. Il y allait faire un somme après manger – il engloutissait ses deux tranches de pain de seigle avec du beurre salé qu'il conservait dans la table garde-manger, plus une bonne tranche de lard par là-dessus et, après s'être rincé d'un bon coup de gnôle qu'il était allé chercher dans la crédence, il bourrait sa pipe qu'il allumait avec un lance-flammes et il en buvait un verre plein. Et il crachait sur la terre battue, la "place", son jus de chique, avec un air de grosse satisfaction. Moi, je le suivais. Il y avait cette odeur de paille qui me faisait voir du pays et rêver à une princesse, que je n'ai retrouvé nulle part ailleurs, comme si la mienne n'avait pas le même goût, ou alors c'était celui de mon grand-père dedans, allez savoir. C'était chaud et douillet comme un nid où je me sentais en sécurité avec le vieux qui veillait sur moi.

J'ai une deuxième odeur qui me suit, celle des veillées aux châtaignes grillées dans la poêle trouée, auprès de la cheminée quand on entrait dedans, un torchon sur les genoux, avec la fumée qui s'accrochait aux vêtements. Et ils parlaient entre eux, de la pluie et du beau temps qu'ils aimaient tout pareil, car ça fait pousser les plantes. Jamais une remontrance contre la nature qui fait son boulot et qu'on n'a pas le droit de mettre en cause, ce n'est pas elle qui doit se plier à nos exigences. Même, ils aimaient marcher dans la boue, car on sait exactement sur quoi on marche et les traces laissées nous disent qu'on est à la campagne et qu'on est en vie.

J'ai piqué un sacré roupillon dans le pailler de Fernand qui m'a remplacé au moins cinq nuits dans un vrai lit. T'as beau pieuter dans des draps de soie, rien ne remplace l'air pur et la belle étoile où tu sais que tu vis, car le vent te câline et tu sens que tu existes vraiment, comme quand on met ses mains dans la terre.

Ensuite, dessoûlé, je suis allé les saluer pour le bien fait et j'ai poursuivi mon chemin avec un tas d'images dans la tête qui resteront gravées.

LXXIV

Rosko allongea le dossier de son fauteuil pour mieux réfléchir. Il regarda par la fenêtre le ciel bouger sous l'effet du vent. Celui-ci, chien berger, rassemblait les nuages pour les rentrer à l'écurie. Un vol d'oiseaux marins déchira le ciel en un éclair chocolaté. La nature était belle et il lui prit des envies de meurtre à l'idée que des connards l'assassinent.

« Assassinent ? »

Quelle était cette espèce assassine qui avait profité du *Tro Breizh* pour ensanglanter sa Bretagne qu'il aimait tant ? Au rythme du voyage de Jeannot Landrezac, sept cadavres avaient fleuri, autant que de saints – et encore ne comptait-il pas le huitième : Francine. S'annonçait un été meurtrier, plus encore que le roman éponyme. L'avait-on pris pour cible ? Mais alors qui ? Était-il celui qu'il recherchait ? derrière les humbles se cachent parfois les pires ordures. Les crimes étaient-ils le fait du hasard ou obéissaient-ils à un ordre chronologique prédéfini ? Existait-il un lien entre tous ces morts ?

Il aurait pu avoir la satisfaction d'avoir mis deux criminels sous les verrous, mais ce n'étaient que des lampistes, le vrai coupable était ailleurs et il se moquait de lui insolemment. Il eut envie de faire l'amour, souvent, ça lui débloquait les neurones. Il laissa un message à Nathalie Marty, la journaliste. Après tout, n'avaient-ils pas pris du bon temps ensemble ? Il s'amènerait chez elle, elle ouvrirait, « J'ai besoin de toi, de me dégourdir pour résoudre l'énigme. » Elle répondrait : « Mais bien sûr, mon grand, t'as qu'à t'allonger sur moi, en me tirant, je tirerai ton suc. En te vidant les couilles, tu rempliras ton esprit de toutes les solutions. » Merde, il divaguait, il devait ramener son esprit et illico encore, sur cette affaire.

Il appela Julien Destrac.

— Il a dormi à Caulnes chez un paysan. Géraldine et moi…

— Géraldine ?

— Buisson… Ne crois pas des choses…

— Je ne crois que ce que je vois. Et toi aussi, tu ouvres les yeux et tu prends garde à vous, on ne sait pas de quoi le bougre est capable… T'as quel temps ?

— Un temps maussade.

— À Vannes, c'est pareil. Dis à… Géraldine que Conrad Turq, son stagiaire, sera enterré demain. Elle peut y aller, toi, tu continueras seul.

— À mon avis, non, elle va s'accrocher, par contre, elle fera sans doute un détour par le cimetière de Theix…

— Ça sent l'écurie mon "vieux", tu dois être content de rentrer…

Ce fidèle lieutenant était quelqu'un de bien, il veillerait à son avancement. Le sien resterait en rade avec cette histoire que n'aiment ni les politiques ni les curés, ni l'état de droit. Faudrait attendre encore et repasser. Tous des cons ! Ils tirent les ficelles, puis la gloriole si on aboutit, ils nous lâchent si on échoue. De toute façon, il préférait rester sur le terrain, avec les siens, les mains dans le moteur. À l'état-major, il aurait l'impression de chausser des pantoufles à regarder les autres s'enliser. Sur ces pensées peu réconfortantes, il s'endormit.

LXXV

Géraldine Buisson laissa Julien Destrac poursuivre la filature tout seul et rejoignit le cimetière de Theix où avait lieu l'enterrement de Conrad Turq. Tout en roulant, elle pensa combien elle aurait donné pour voir son stagiaire assis à côté d'elle, se lançant à ses côtés sur les traces de quelque mari trompé ou de quelque femme suspicieuse. Elle le laisserait même la draguer. Mais il n'était plus là et sa disparition lui apparut vraiment trop injuste. Qui avait intérêt à l'assassiner ?

Les parents de Conrad étaient noyés dans un profond chagrin. Géraldine Buisson avait rencontré sa mère une fois et elle ne lui avait tressé que des louanges sur son fils. Aujourd'hui, elle lui apparut défaite, repliée sur sa peine, se demandant comment elle allait la surmonter. La détective avait envisagé d'adopter un enfant avec Mirta, ou de s'en faire faire un, c'était à la mode, mais là, devant ces douleurs incommensurables, elle se dit qu'il était urgent d'attendre.

Nathalie Marty, la journaliste, l'avait rejointe et elle la trouva particulièrement affectée. Celle-ci, sans qu'elle le lui ait demandé, expliqua à voix très basse :

— Nous avons eu une histoire avec Conrad, on s'est rencontrés à ton bureau et…

Ses yeux se brouillèrent de larmes. Géraldine

Buisson l'examina, c'était une belle quarantenaire dont les hommes pouvaient être friands. Elle était d'un tempérament enjoué, souvent optimiste, vraiment, elle avait de quoi séduire. Elle comprenait que Conrad ait pu succomber à ses charmes.

Une corneille se posa non loin sur le fronton d'une tombe, nullement affectée par le sacré de la cérémonie. Elle avait trouvé un promontoire d'où elle pouvait surveiller les agissements des hommes.

Le père de Conrad, sorte de colosse aux pieds d'argile, était secoué de spasmes, on avait envie de le prendre dans les bras et de le consoler en le berçant. Les trois frères et les deux sœurs se tenaient par la main, essayant de se soulager l'un l'autre.

— C'est terrible, la mort ! gémit la journaliste. J'espère au moins qu'il aura eu des moments heureux, c'est trop cruel de partir en pleine jeunesse. J'imagine son corps dans cette boîte en mauvais chêne. Crois-tu que ses parents lui auront laissé la croix qu'il portait autour du cou et son briquet en or ?

Géraldine Buisson n'avait pas réagi tout de suite, c'est lorsqu'on descendit le cercueil dans le caveau et qu'elle vit la journaliste tendre le cou, qu'elle se rendit compte de ce qu'elle venait d'apprendre.

Elle quitta précipitamment le cimetière pour passer un coup de fil, laissant là Conrad à sa solitude et les autres à leur tristesse infinie.

LXXVI

Caulnes en Côtes-d'Armor me fait toujours bizarre, même si je n'y suis venu qu'une fois. Car c'est là qu'elle habite et nous sommes fâchés – j'évoque pas ça souvent, ça me fait mal là. Dire que je n'ai qu'une fille et nous avons toujours eu des rapports difficiles, car elle me ressemble en tête de lard qui reste sur ses positions. On ne sait plus qui a commencé ni pourquoi, c'est toujours comme ça, les fâcheries : on se rappelle juste qu'on est fâchés ; qu'est-ce qu'on s'est balancé comme saloperies ! On s'en jette davantage à la tête quand on s'aime ; quand on ne s'aime pas, ça devient de la méchanceté. Elle nous reproche d'être des paysans, de ne pas avoir fait d'efforts pour se sortir du tas de fumier dans la cour de la ferme, ça lui reste sur le cœur et ça lui fait honte de ses parents. Elle est partie vadrouiller dès qu'elle a pu, je ne vous raconte pas le mal que ça a fait à Francine, ce jour-là, d'ailleurs, on s'est engueulés comme du poisson pourri qui a une odeur à réveiller un mort, à cause de nos fautes de part et d'autre. Dame oui, comme on dit, on avait fondé de grands espoirs en elle et plus les espoirs sont placés haut, plus ils nous déçoivent quand ils s'écroulent. Je lui ai souvent dit que paysan – elle entend bouseux et elle me voit venir avec mes gros sabots – ce n'est pas le plus mauvais métier du monde et pas pire qu'autre chose, qu'il faut bien travailler dans quelque chose de nos jours et que je ne sais faire que celui-là et que tu n'as pas eu à t'en plaindre avec les études qu'on t'a payées et les belles robes qu'on t'a achetées, car on voulait que tu sois la plus belle pour aller danser. Mais elle m'a toujours déçu par des discours qu'on ne doit pas répondre à son papa, je lui répétais ça à longueur de temps, comme un chasse-neige qui doit déblayer les routes tous les jours d'hiver, car ça revient aussi vite qu'on nettoie.

— Vous n'évoluerez jamais. Moi, je n'ai pas envie de croupir dans votre ferme avec vos animaux et toutes les saloperies qu'on est obligé de faire pour n'être pas payé à la fin du mois. Vous avez raté votre vie et je ne veux pas rater la mienne.

Quand elle envoyait ça, elle était dure comme un cœur de pierre et même avec une masse, je n'aurais pu le casser pour me promener dedans.

Elle tient une boutique de coiffure.

— Mettre les mains dans les cheveux, c'est quand même autre chose que de les mettre dans la merde !

Y'a pourtant des cheveux gras et des pellicules qui ne sont pas si propres que ça ! Elle n'a rien compris du tout, dire que c'est ma fille ! On ne s'est jamais entendus sur les mots, car on ne parle pas la même langue.

J'y suis passé en douce devant sa boutique, à

Caulnes, où elle se situe dans la rue "des petits plaisirs." J'ai regardé de loin et je l'ai vue derrière la vitre, un peigne à la main. Elle n'a pas changé, c'est une belle femme maintenant et, même de loin, on voit qu'elle a du tempérament et que le client n'a qu'à bien se tenir sur sa chaise de torture. Je n'ai pas voulu passer la porte pour l'embrasser, car ça ne se fait pas quand on est fâchés, le premier pas. Peut-être ça s'arrangera avec le temps… J'étais en train de zieuter à l'intérieur, quand Yoann, le fils de Marie-Françoise, est sorti. On aurait dit qu'il m'avait senti comme une bête sauvage. Il a trois-quatre ans maintenant – je mélange les dates d'anniversaire – et il est allé jouer dans la cour d'à côté. Alors je me suis approché et je lui ai parlé tout bas pour ne pas qu'il s'apeure. Il sentait bon. Je ne lui ai pas dit que j'étais son papy, il ne m'a pas vu souvent, car sa mère aurait pu lui faire de gros yeux. Ça m'a fait un bien fou de parler avec lui, comme deux copains, là… au creux.

Il m'a demandé :

— T'es qui toi ?

— Quelqu'un qui connaît ta maman. Je peux te faire un bisou ?

Et c'est lui qui m'en a fait un comme cadeau, les souvenances sans doute, je l'ai serré dans mes bras, pour ceux qui passaient, j'ai fait signe, je n'avais pas d'imperméable. J'étais devenu comme un pape qui prêche à Rome. Je suis resté longtemps à le regarder jouer dans le bac à sable. C'était comme si des bouffées d'amour m'étaient montées aux joues, j'aurais tant aimé que Francine soit là pour constater. Si on se remet, c'est souvent grâce aux enfants. Et je me suis dit : pour ces minutes-là, déjà ça valait le coup de faire le *Tro Breizh*, s'il n'y avait que ça à retenir.

Il faut savoir se satisfaire de petits plaisirs. Je suis allé lui acheter une voiture.

— Elle est de la même couleur que celle de mon papa… il a dit dans son langage.

Je lui ai dit au-revoir avec un pincement dans le cœur. Et je me suis dit en partant, peut-être ce voyage avec tous ces saints, ce tour d'honneur, il va me ramener le petit…

*
*　*

À Saint-Méen-le-Grand se trouve le musée Louison Bobet qui en connaissait un rayon, lui, le spécialiste du Tour de France, mais c'est surtout le début de la forêt de Brocéliande : maintenant, ils disent de Paimpont car il y a eu le feu. Je connais les légendes par cœur, Francine avait acheté un livre à la supérette. Dedans, y'a les combats du roi Arthur et toute sa clique de chevaliers de la Table Ronde. C'étaient des sacrés gaillards qui n'avaient peur de rien ni des reproches et qui levaient leur épée si on leur demandait l'heure avec un sale air, comme nous, on dit bonjour. Celle que je préfère, c'est la fée Morgane car elle est bonne à tout faire, et j'ai toujours apprécié les baguettes magiques qui sont un enchantement, j'aurais bien aimé que les fées se penchent sur mon berceau. Il y a aussi Merlin l'enchanteur, dans le même genre de magicien, une sorte de Druide qui allait couper le gui avec sa serpe en or et qui transformait tout ce qu'il touchait. Il a eu des coups d'amour avec la fée Viviane et ils devaient se faire voir des étoiles. Ces contes m'ont toujours fait rêver, car c'est mieux que dans la vie de tous les jours et les gentils viennent toujours à bout des méchants, ce qui n'est pas courant de nos jours et aussi parce que mes parents ne m'en ont jamais raconté.

J'ai fait un détour par Tréhoronteuc pour voir le Val sans retour où la terre est toute rouge : à cause du schiste, m'a-t-on appris après renseignement, avec des racines d'arbres à fleur de terre, des landes et des sapins. Dans cette ville, la fée Morgane, à cause de son amant qui l'avait trahie, jetait un sort aux hommes qu'elle retenait prisonniers, elle aimait bien ceux qui avaient des « braguettes » magiques, ça, c'est une niche à Francine. Lancelot du Lac aurait fait capoter tout ça. Il venait souvent au château de Comper et se promenait autour de l'étang. Quand on passe par là, on est obligé de faire un tour en forêt où ça sent l'humus, on y voit des chênes, des châtaigniers, des hêtres, des résineux, des taillis… J'avais l'impression que chaque arbre était un homme du temps des chevaliers et qu'il allait sortir sur son cheval, armuré, et que la forêt était une armée tout entière qui allait se bagarrer contre celle d'en face, les rochers. Dans les étangs, y'a des secrets qu'on ne peut pas comprendre avec nos raisonnements de maintenant, par exemple comment l'épée Excalibur du roi Arthur s'est retrouvée dans la flotte avec la Dame du Lac. Tout ça met une drôle d'impression, *gast* ! Et c'est bien de pouvoir rêver. J'ai fini par les laisser tranquilles, parce que ce n'est pas la peine de déranger des gens dans leurs histoires où ils dorment bien chaudement.

LXXVII

Rosko s'attendait à tout sauf à ça. Géraldine Buisson, la détective privée avait été catégorique et on ne pouvait douter de sa sincérité dans la mesure où elle était amie avec la journaliste. Il lui demanda de passer le voir après l'enterrement.

— Vous êtes sûre de ce que vous affirmez ?

On sentait qu'elle n'était pas à l'aise de porter une telle accusation, mais en même temps, elle ne pouvait pas garder le secret pour elle, fût-ce au nom de l'amitié.

— Elle m'a parlé du briquet en or que j'avais donné à Conrad le matin même de son assassinat. Conrad était… amoureux de moi, comme de toutes les femmes, j'avais repoussé ses avances, vous savez pourquoi, je lui ai offert ce bijou auquel je tenais énormément. Nathalie Marty l'a donc vu et je ne sais pas comment c'est possible.

— C'est ce que je vais tenter de découvrir. Je vous tiendrai au courant.

La détective s'avoua très peu fière de sa dénonciation, mais elle l'avait faite pour la mémoire de Conrad et puis, si Nathalie Marty était innocente, elle dissiperait rapidement le malentendu. Et si elle était coupable… Elle ne pouvait envisager cette hypothèse.

*

*   *

Rosko devrait attendre le lendemain soir pour interroger la journaliste, celle-ci était partie immédiatement après l'enterrement en reportage au Mont Saint-Michel.

Julien Destrac lui fit un compte rendu fidèle de la suite du voyage. Après Dinan, Jean Landrezac était passé voir sa fille à Caulnes. Il n'avait rencontré que son petit-fils.

— J'ai interrogé discrètement Marie-Françoise Plantard, elle est fâchée avec son père, mais son amour pour lui est intact. Si tu veux mon avis, elle en rajoute dans le négatif, mais tout cela manque de sincérité.

Rosko engrangea une nouvelle fois dans sa réserve pour l'hiver et conclut que la suite des événements allait encore révéler des surprises. Julien Destrac n'en attendait pas moins de sa part pour les "sortir".

LXXVIII

À Ploërmel, j'ai fait le tour de l'Étang aux Ducs. La ville est devenue tentaculaire comme une pieuvre. Mon ingénieur d'aliment est de là, il a fait des études savantes, il connaît tout sur tout. Il est marié avec une jeunette de vingt ans de moins que lui, c'est mieux pour la chair qui est plus tendre et plus fraîche. Je ne dis pas qu'on devrait changer au bout d'un certain temps, quand la vôtre est usée, mais tout de même, on pourrait en trouver une autre plus élastique et moins encombrante. Les gens s'empâtent, tenez, Francine, au début, j'en faisais le tour avec un bras, puis il en fallait deux et pour finir, quand j'étais près d'elle, elle était loin de moi. Elle avait tellement grossi ! Plus jeune, on se faisait l'amour derrière les meules de foin, on en avait plein les yeux et tout, c'était bon comme du pain blanc, mais après, on mange son pain noir et rassis. Ce qui nous sauve, c'est que les gens avec qui l'on vit changent à vue dans nos yeux, on s'habitue à leur nouvelle silhouette et on peut mieux supporter les grossissements.

Gaëlle, je crois qu'elle s'appelle, peut-être à cause de Gaël, la ville d'il n'y a pas loin, elle a une frimousse qui invite à voyager. Il venait souvent nous voir avec elle. Elle s'émerveillait des choses de la ferme comme une enfant qu'elle est encore. Ce qu'elle préférait c'était Francette, ma petite chèvre, qui est douce comme du coton hydrophile et qui nous suit en bêlant comme un chien. Elles passaient beaucoup de temps ensemble, elle n'arrêtait pas de lui parler, mais je n'ai jamais écouté ce qu'elles se racontaient. Je n'ai jamais osé demander à mon marchand d'aliment de les échanger l'une contre l'autre… car Francette, elle ne partirait pas avec n'importe quel monsieur Seguin.

J'ai traversé la ville pour voir l'horloge astrologique et "la maison des marmousets" où il y a des sculptures à faire peur. Le mec Lamennais a fondé une congélation de frères qui est célèbre dans tout le… Morbihan à la ronde. Ce que j'ai remarqué aussi, c'est que les villes se jumellent avec des étrangers, ici, c'est avec l'Irlande, pour rapprocher les peuples de la Terre, qui sont normalement lointains dans leurs frontières. Pour qu'on sache qu'on n'est pas tout seul au monde parmi les sept milliards et qu'il y en a d'autres qui respirent de l'air et qui voient des paysages. Un jour, il faudrait que je me jumelle avec Vera Cruz…

*

* *

Malestroit – en gallo Maltreu – est un très beau village fleuri qu'ils disent sur les prospectus et ils ont bien raison, un peu moins beau que La Vraie-Croix, tout de même. C'est une chouette ville avec ses ponts et sa rivière et ses maisons anciennes qui font lever le nez en l'air pour voir les architectures de l'ancien temps ; c'est aussi plein de couvents où les femmes et les hommes s'enferment pour être à l'abri de la méchanceté du monde. Je n'ai pas à critiquer.

Je me rappellerai longtemps le bourg de Saint-Nolff, parce qu'arrivée en son milieu, voilà que la dépanneuse rend l'âme. Je suis allé dans un café pour appeler Louison, son propriétaire, qui est arrivé trois heures plus tard, avec un grand engin, une sorte de dépanneuse de dépanneuse.

Il m'a dit :

— J'en ai marre de dépanner les gens, je ne dis pas ça pour toi ; cette fois, je vais prendre ma retraite et me faire dépanner par les autres.

— C'est pourtant un beau métier, tu rends service.

— Oui, mais à force, j'en ai ras le bol, vois, même la dépanneuse, elle n'en peut plus, elle a fait son temps et moi avec, et puis on n'a pas souvent de retour, à part les retours de manivelle qui sont très douloureux.

— J'ai passé dans le Val du pareil au même depuis peu…

Il n'a pas compris, mais je n'ai pas insisté, car c'était pas le moment de lui parler des légendes qui ne servent pas dans le travail de tous les jours.

Je l'ai remercié de s'être déplacé. Je lui ai demandé des nouvelles de Françoise, sa femme, qui se porte comme un charme qu'il m'a dit pour pas s'éterniser sur la question et pour pas la comparer avec d'autres arbres. Je ne pouvais pas laisser sa dépanneuse en rade, comme ça, dans une ville qu'elle ne connaît pas et que les gens auraient pu lui piquer des pièces.

— Je crois que Bienvenu va pouvoir terminer tout seul, il s'est requinqué de savoir qu'on n'est pas loin de la maison.

— Je te souhaite bon vent !

Et il est parti vers sa retraite bien méritée. C'était quelqu'un qui m'avait permis de poursuivre ma route et ça, je ne l'oubliais pas, comme sa dépanneuse avec qui j'avais fait un bout de chemin. Je l'ai remerciée elle aussi, car je m'attache facilement, je ne dirais pas que des larmes me sont venues, mais c'était moins une au clocher de Saint-Nolff.

*
* *

Je suis enfin arrivé à Vannes, la fin du spectacle, avec Francine, Camembert et Bienvenu, comme au départ ; j'avais ramené tout le monde sain et sauf. Bon, la boucle était bouclée, on ne peut pas mieux dire, bien sûr moins vite qu'en TGV qui nous amène de Rennes à Parisse en trois heures, mais tout de même ! Un bon mois pour voir tous ces saints, j'étais assez fier de moi en ce début juillet. Même si des fois, j'ai failli en faire une indigestion.

Je suis allé dare-dare à Saint-Patern ; j'ai appris qu'il était originaire d'Armorique, qu'il avait été le premier évêque de Vannes, qu'il avait été formé dans le monastère de Rhuys, avant l'abbé saint Gildas. Vous savez, c'est là qu'est venu aussi l'Abélard d'Héloïse, celui à qui on a coupé les couilles pour ne plus qu'il aille farfouiller dans sa copine, un sacré raccourci qu'on appelle ça. On sait qu'ils se sont écrit de très belles lettres où ils parlaient d'amour, mais l'amour est souvent contrarié par ceux qui ne savent pas ce que c'est.

Et alors, cette fois-là, pas de miracles du saint Patern, pas la queue d'un, il n'en aurait pas fait ? Et à peine, j'avais pensé à l'anomalie, après avoir demandé à Francine de le prier de tout son cœur, que sur le seuil de la cathédrale, qui je vois ? Yoann avec sa mère, ma fille.

J'ai pensé, avant qu'il ne coure vers moi avec sa voiture : « On va parfois chercher les miracles à perpète, alors qu'ils sont là dans notre assiette… » Et tout de suite j'ai pensé que le bon saint Patern, mine de rien, avait fait mon miracle le plus important.

Ma fille m'a expliqué :

— Je t'ai vu l'autre jour à Caulnes, avec Yoann ; je t'ai vu aussi lui donner son cadeau. Je me suis dit en voyant ton bonheur d'être auprès de lui, qu'il fallait arrêter nos conneries. Il n'a pas à en pâtir et il a besoin de voir son grand-père.

— Comment tu as fait pour savoir que j'étais ici, à la cathédrale ?

— N'oublie pas que mon mari est gendarme et ils peuvent suivre n'importe qui à distance. T'as pas remarqué un hélico qui tournait parfois au-dessus de ta tête ? Car je ne sais pas ce que tu as fait, mais les flics t'ont dans le collimateur.

Je ne me savais pas aussi important que Sarkozy ou Johnny. Elle est comme ça, ma fille, quand elle veut quelque chose, elle réussit toujours à l'obtenir. Elle est têtue comme une bourrique bretonne.

Le petit Yoann m'a sauté dans les bras, ça m'a réveillé les rhumatismes qui font mal, mais aussi le cœur où ça fait chaud. Il n'arrêtait pas de m'embrasser.

Je les ai invités, avec Francine, à venir manger à la maison, chez nous, au Minio, à La Vraie-Croix, si elle n'avait pas peur de se salir.

LXXIX

Audition de Nathalie Marty, la journaliste, par le commandant Rosko.

Elle était vêtue d'un tee-shirt blanc et d'un jean délavé passé dans ses bottes, une ceinture rouge y était assortie ainsi qu'à ses boucles d'oreilles. Elle lui demanda ce qu'elle faisait là, mais n'obtint pas de réponse, Rosko avait l'air préoccupé.

— Tu voulais me voir, il existe d'autres endroits plus… romantiques que les locaux de la police.

Le commandant, d'humeur visiblement maussade, ne releva pas ; elle se tut.

— C'était terrible, cet enterrement, dit-elle au bout d'un temps.

— Un mec qui avait tout l'avenir devant lui… Tu l'as bien connu, n'est-ce pas… Conrad Turq ?

— Comme ci comme ça, on a eu une aventure, mais ça se terminait.

— Et le briquet, peux-tu me parler du briquet en or ?

— Que veux-tu dire ?

— Géraldine Buisson le lui avait donné, le matin de sa mort, c'était un souvenir auquel elle tenait, tu n'as pu le voir qu'après, c'est-à-dire au moment de sa mort.

La femme pâlit, elle regarda en l'air.

— Je ne sais pas, j'ai dû le voir quand…

— Quand ?

— Tu m'emmerdes !

— Je ne vais pas me satisfaire de ça. Tu sais quoi, à partir de ce matin 8 heures, tu es en garde à vue.

*
*   *

Il la laissa entre les mains de Louis Bornard pour quelques heures. Quant à lui, il obtint deux commissions rogatoires pour faire perquisitionner à son domicile principal à Tréguier et dans son appartement à Lannion, des voisins serviraient de témoins.

Il l'interrogea de nouveau en début d'après-midi.

— On a trouvé quelque chose d'intéressant chez toi. Il lui montra une dent de herse mise sous scellé.

Conrad Turq avait pu la découvrir aussi…

Elle nia très longtemps, mais sa capacité de résistance fut mise à mal par cet homme qui ne la lâcha pas. Elle avait pour lui des sentiments mitigés, entre hainc ct amour, elle était surtout impressionnée par son professionnalisme qui ne s'encombrait pas d'état d'âme.

LXXX

Après toutes ces émotions qui montent à la gorge et de là aux yeux qu'on ne peut empêcher de pleurer comme une gonzesse, j'ai dit à Francine qu'elle pouvait mourir tranquille maintenant et avancer tout droit dans son Paradis :

— Plus personne viendra t'asticoter !

J'ai fait le point dans ma tête. « C'est quoi au juste, la religion ? »

Eh bien, la religion c'est une dépanneuse, les gens en ont besoin quand leur moteur est en rade et qu'ils se retrouvent le bec dans l'eau, au bord de la route. Quand ça ne va pas bien non plus dans leur salle des machines et qu'ils ont besoin de quelque chose pour raccrocher la remorque. Ils sont heureux alors d'avoir quelqu'un pour les dépanner. Depuis la nuit des temps, les animaux humains doivent croire à quelque chose qui les dépasse, car justement, ils sont dépassés par la nature qui les entoure trop belle pour être vraie, sinon, ils ne comprennent rien à la vie, un miracle à tous les points de vue. Avec ça, ils ont moins peur et ça leur donne une explication. Ils se disent aussi qu'à leur mort, ils vont trouver encore du meilleur qu'ici en bas. C'est un bénéfice net.

Mais de temps en temps, faut pas croire, la dépanneuse a besoin d'être dépannée et là, on ne sait plus du tout qui on est, ce qu'on fait là ni à quel saint se vouer. Car il y a trop de questions et pas de bonnes réponses. Les gens sont empêtrés dans tellement de soucis et de tristesses que des doutes viennent les prendre à la gorge. Ils ne sont plus sûrs de leur coup et ils se demandent s'ils ont raison de croire. Dans leurs croyances, il y a des hauts et des bas et ils doivent trouver des médicaments pour balayer devant leur porte toutes les angoisses qui viennent s'entasser. Pour dire, ça leur fait mal aux doutes.

C'est ce qui m'est arrivé à moi aussi, car je ne suis ni pire ni meilleur que les autres. Des fois, j'ai trouvé les réponses à mes questions, et des fois, rien que du moins sûr et des appréhensions. C'est ça qui est difficile, de n'être sûr de rien. Et puis souvent y'a des choses qui arrivent parce qu'on veut qu'elles arrivent, mais il faut y mettre des moyens. Ceux qui n'ont envie de rien, ils n'auront jamais rien.

Peut-être ça lui aura fait du bien à Francine si elle regarde de là-haut, elle pourra nager dans son Paradis, et si elle a été bouffée par les vers de terre, ça ne lui aura pas fait de mal non plus. De toute façon, elle me reste gravée là et elle est toujours près de moi. Et ce n'est pas qu'à cause de cette photo dans son cadrc. C'cst comme ça que les chaînes se continuent à travers les siècles et que le prochain n'oublie pas celui qui précède : chacun vit dans le souvenir de quelqu'un. C'est ça le vrai miracle. Mais ce que j'en dis…

Mon *Tro Breizh*, mon tour d'honneur, ça m'a

permis de mieux connaître mon pays de Bretagne qui est le plus beau du monde. J'ai rencontré aussi des tas de gens sans quoi je n'aurais pas eu l'occasion. Les Bretons s'ouvrent facilement aux visiteurs si on ne vient pas avec de mauvaises intentions. Et les Bretonnes, *gast*, elles sont les plus belles à regarder ! On voit tant de merveilles qu'on n'a que les yeux pour pleurer. On voit de la campagne, de la mer et une petite montagne et plein de payses qui sont de bonnes bougresses et de bons bougres qui ont bien mérité leur pays. On voit le cidre couler à flots et les crêpes et les galettes danser, le far est tellement bon qu'il fait mille douceurs sur la langue. Mais il ne faut pas le crier sur les toits, car alors on pourrait être envahis et on l'a déjà été si souvent, comme les champs de patates par les doryphores !

LXXXI

Rosko apprit à Nathalie Marty qu'on avait découvert une dent de herse chez elle. Elle s'effondra.

— Benjamin Laporte est mon neveu…

— L'ancien séminariste ? Nom de Dieu ! Avec toutes nos équipes mobilisées, on n'a pas été foutu de trouver ça !

Il se frappa le front. Nathalie Marty sourit faiblement.

— Il a fait une grosse bêtise. Il était dans tous ses états quand il a demandé à me voir. Je l'ai trouvé à bout de nerfs. Je te jure, il m'a fait pitié.

Rosko se passa la main dans les cheveux, il craignait par avance ce qu'elle allait lui avouer.

— Il m'a expliqué toute l'histoire et les doutes qui l'avaient assailli concernant Jean Landrezac… il avait tué sa femme. À partir de là, ça lui a rongé la tête, il y a pensé jour et nuit. Il ne pouvait pas trahir un secret de confession d'un côté, de l'autre, il voulait circonvenir l'assassin. Il a pris sur lui-même et… il a tué un homme près de la cathédrale de Vannes pour faire accuser le retraité. Il s'est rendu compte, après coup, de l'horreur de son acte. Je ne pouvais pas le laisser tomber, pour moi, la famille, c'est sacré. Elle regarda son ancien amant dans les yeux, l'air de dire : j'aurais agi de même pour toi s'il l'avait fallu. Rosko fut décontenancé un court instant, mais son métier reprit vite le dessus.

— Et tu l'as remplacé…

— Je n'étais plus moi-même, j'étais le bras armé voulant sauver mon neveu que j'ai toujours chéri. Il se forgeait un alibi, tandis que j'opérais.

Elle allait faire accuser l'assassin de sa femme ; celui-ci n'allait pas s'en tirer à si bon compte !

— Curieuse façon de montrer ton affection à ton neveu… Tu me mets incidemment sur la piste de Jean Landrezac, tu ne reviens vers moi que pour te rapprocher de l'enquête et agir ainsi plus facilement.

Elle se planta effrontément dans ses yeux.

— Je ne suis pas revenue vers toi que pour ça.

— Tu es une manipulatrice perverse. Tu enlèves la vie pour servir tes intérêts. Ne me parle plus d'amour ni de quelque sentiment.

— C'est facile de tuer.

— Et tu vas dire : il n'y a que le premier pas qui coûte, après, c'est un mauvais enchaînement. Mais le limier… pourquoi l'apprenti-détective ?

— Nous allions nous séparer, Conrad était amoureux d'une autre, il s'amourachait de tout le monde. Je l'ai invité dans mon appartement à Lannion. Personne n'y vient jamais, même pas toi, c'est mon jardin secret. Il a découvert les dents de herse dans un cagibi.

— On a eu du mal à localiser cette adresse. Entre nous… pas très malin de ne pas t'être débarrassée de l'arme d'un futur crime. En clair, tu as fait ton marché en tuant des innocents. La mort de Conrad Turq t'arrangeait.

— Il allait nous dénoncer, Benji et moi.

— Celui-là peut se comprendre… je dis bien : peut, mais les autres… Tu n'as aucune circonstance atténuante !

— Je n'en cherche pas. Je sais maintenant ce qu'éprouve un tueur en série. Une bouffée d'adrénaline, quelque chose qui monte, qui t'emporte, tu peux pas imaginer…

— Pas envie. Tu pourras écrire un livre en prison, t'as une belle plume.

— Toi aussi… tu seras mon pire regret.

Rosko la blâma du regard, de faire de l'humour en de telles circonstances. Il fit venir Louis Bornard pour qu'il la prépare à l'incarcération, puis il téléphona au substitut et au juge d'instruction. Enfin, il passa voir son boss.

— Mon affaire, comme vous l'avez dit, "marche" on ne peut mieux, vous "voyez", j'ai toujours le dernier mot.

Lerabeau cligna des yeux de façon automatique dans un tic nerveux.

Il ne voulait pas laisser tous les honneurs à un "subalterne".

— Vous avez eu des rapports avec un témoin…

— Quand c'en était pas encore un !

— Il l'est devenu, c'est même le principal. Je suis obligé de vous faire passer en conseil de discipline. Sans votre inconséquence, vous auriez pu résoudre cette affaire plus tôt et éviter ainsi bien des morts.

Que pouvait-on répondre à ça ? Rosko préféra le toiser de son indifférence. Il claqua la porte en sortant.

*

*   *

Puis il se rendit au Minio, la ferme de Jean Landrezac, sur la commune de La Vraie-Croix, ça l'avait bien occupé ces derniers temps.

Le voyageur, revenu de son périple, était en train de boire un verre de cidre.

— Désolé de vous avoir soupçonné, mais avouez qu'il y avait de quoi, ce *Tro Breizh* en tracteur, quelle drôle d'idée et tous ces cadavres derrière vous… Heureusement, les coupables sont sous les verrous. Vous allez maintenant pouvoir profiter de votre retraite.

Jeannot le remercia et lui proposa de partager une bouteille, Rosko refusa poliment. Il lui tardait de retrouver ses bourdons et leur sérénité.

LXXXII

Géraldine Buisson et Julien Destrac étaient sur le point de se séparer. Malgré la pièce dramatique à laquelle ils avaient assisté, voire participé, ils conservaient au cœur certains bons moments passés ensemble. Le lieutenant avait raconté à la journaliste le dénouement de l'affaire.

— J'ai du mal à croire ce que vous me dites. Comment Nathalie… Marty a pu se laisser entraîner dans cette mauvaise série télé !

— On ne connaît jamais tout à fait les gens et c'est bien comme ça. Au début, elle a agi pour sauver son neveu, elle excusait son geste par avance et puis, l'impunité aidant, elle ne s'est plus contrôlée.

— Elle a vraiment dit : « C'est facile de tuer ? »

— Ce sont les mots de Rosko.

— C'est terrible, je suis défaite.

— Lui aussi, je pense, conserve un goût amer dans la bouche. Il nourrissait quelque sentiment ambigu pour elle. Après coup, ça doit être terrifiant d'y repenser. Mais il s'en remettra, c'est une forte personnalité.

— Vous allez maintenant le rejoindre et lui faire part de votre admiration une nouvelle fois…

— On ne peut que l'admirer.

— L'aimer ?

— Ça, c'est autre chose, il a beaucoup de défauts, vous savez… mais il est juste. Et vous ?

— Mirta me manque. Elle seule saura lécher mes blessures.

Le lieutenant imagina ces deux femmes unies dans une douce complicité. Il la salua. Il lui restait encore beaucoup… à gratter.

LXXXIII

Marie-Françoise et Yoann sont partis de Vannes en voiture, moi j'ai continué en tracteur comme de juste, il fallait revenir au point de départ. Avant de tourner le chemin du Minio, y'a une grotte avec la Vierge dedans. Entre parenthèses, il faudrait la repeindre comme mes nains de jardin, car sa peinture n'est plus très fraîche. Alors, Camembert s'est mis à aboyer. Je me suis dit, il sent la niche, mais non, il y a eu une épaisse fumée. Je me suis dit, c'est Bienvenu qui rend l'âme, il avait fait son boulot, il pouvait calancher sans honte. Mais non, c'était pas lui.

C'était… on me croira pas… une sorte de brouillard en plein soleil. Et là, j'le jure, elle m'est apparue… J'ai recroquevillé les yeux. Une silhouette en gouttes de pluie, pensez si je l'ai reconnue… C'était Francine naturellement qui venait dans mes derniers retranchements.

Elle a dit :

— Merci Jeannot de ce que tu as fait pour moi… Tu n'es pas le mauvais bougre, mais tu auras à répondre de tes actes, des bons et surtout des moins bons. À bientôt… À très bientôt…

Elle avait une drôle de liqueur dans les yeux.

Le « bientôt » m'a fait drôle, le « très » encore plus, et la liqueur davantage, enfin, quand je dis drôle… Aussitôt dit ça, elle avait disparu comme par enchantement des fées de Brocéliande.

D'où la conclusion qu'il faut se méfier de ses opinions ; tant qu'on n'a pas prouvé le contraire, une chose existe. Mais il ne faut pas exposer ses petits miracles au monde, sinon, ils viennent avec la tévé, les journaux et le bataclan et vous n'êtes plus jamais tranquille. Il faut les garder enfermés à double tour dans son jardin secret où on a seul le droit de cultiver.

*
* *

Quand le flic devenu sympa avec moi est parti, le commandant Rosko je crois, qu'il s'appelle, j'ai recommencé mes besognes du quotidien.

Premièrement, j'ai jeté le cadre au feu et Francine avec. Plus le tableau du grenier. On ne peut pas vivre éternellement avec les morts. Et pour la première fois, j'ai fait mon signe de croix. J'ai remercié Dieu, mais surtout Yvon. Grâce à lui, je suis débarrassé de Francine et je peux profiter de son argent. C'est vraiment un bon pote, Yvon, il fait la prison à ma place. Ce jour-là, il était tellement rond que je lui ai fait une bonne farce – faudrait toujours avoir au moins un ami qui boit. Je lui ai dit que la Francine,

Aux Éditions Alain Bargain

Dans la collection
ENQUÊTES ET SUSPENSE :

Aux Éditions Alain Bargain

Dans la collection
ENQUÊTES ET SUSPENSE :

elle en pinçait pour lui, qu'il n'avait qu'un mot à dire et…

— Si tu me crois pas, vas-y, elle est là-haut.

Je suis monté derrière lui et je me suis planqué dans la chambre. Quand Francine est revenue du grenier, le con d'Yvon l'a entrepris, évidemment, elle lui a filé une bonne paire de claques et moi, je suis arrivé par là-dessus et je l'ai poussée. Il n'y a vu que du feu.

On peut parler de ces choses, mais il faut être sûr que personne n'écoute. De toute façon, on a beau parler, y'a jamais personne qui vous écoute. Les gens ne s'intéressent qu'à eux…

FIN

© Quadri Signe - Editions Alain Bargain
125, Vieille Route de Rosporden - 29000 Quimper
E-mail : contact@editionsalainbargain.fr
Site Internet : www.editionsalainbargain.fr

Dépôt légal n°4 - 4ᵉ trimestre 2015
ISBN 978-2-35550-193-7 - ISSN 1281-7813
N° d'impression : 511032
Imprimé en France